LETTRES

DE

MADAME DE PRASLIN.

LETTRES

DE MADAME

LA DUCHESSE DE PRASLIN.

REVUES ET CORRIGÉES AVEC SOIN.

AUGMENTÉES DE COMMENTAIRES ET DE RÉFLEXIONS SUR CHAQUE LETTRE, AVEC DES NOTES EXPLICATIVES, ET LA TRADUCTION DES MOTS DIFFICILES AU BAS DE CHAQUE PAGE.

ÉDITÉES PAR

MONSIEUR F. DE PORQUET.

La mère pourra en permettre la lecture à sa fille.

LONDRES :

FENWICK DE PORQUET,

11, TAVISTOCK STREET, COVENT-GARDEN,

And all Booksellers.

1848.

TO THE ENGLISH READER.

The publicity very recently given in this country, and, indeed all over Europe, to the letters of the late and much lamented Duchesse de Praslin, by the examination of the papers found in the Duke's possession, and copies of her Grace's own letters to the Duke, found in her writing-desk: compositions so beautiful, so chaste, breathing so much benevolence, so much of a forgiving spirit, full of so many Christian precepts, remarkable also for the line of duty she prescribed to herself as a *wife* and as a *mother*, have induced the editor not to allow these excellent specimens of female style in French to be lost, or rendered inaccessible to those, who, in this country, are fond of and are acquainted with French literature: AND WHO IS NOT?

A very careful supervision of these charming letters has been pursued with a view of making them unobjectionable to female readers of the most delicate susceptibility. Indeed, few passages or rather few words or expressions, which might have been misconstrued, literally, perhaps, by a stranger to the idiom of modern French, have been either omitted or re-written, in order to render the same meaning more intelligible, or less obscure.

The editor hopes his patrons will give him the credit of having reprinted the above letters in this country, for *no other purpose* than that of being of some assistance to those who, these twenty years, have so liberally adopted what they are kindly pleased to call, his "Useful publications on modern languages."

DÉTAILS PRÉCIS

SUR LA

CATASTROPHE PRASLIN.

LE 17 août dernier (1847), un crime horrible, qui plongeait dans le deuil deux illustres familles, se commettait, pendant la nuit, rue du Faubourg-Saint-Honoré, n° 55, dans *l'hôtel du maréchal Sébastiani.* Des détails pris sur les lieux révélaient les circonstances suivantes :

M. le duc et madame la duchesse de Praslin occupaient avec leur nombreuse famille, composée de neuf enfants, cet hôtel *pendant leur séjour à Paris ;* le 16 août, vers neuf heures du soir, ils y sont arrivés, de retour des eaux, et proposaient d'y passer quelques jours seulement, avant de retourner à leur campagne.

Comme leur séjour aux eaux avait duré un certain temps, en arrivant à Paris, ils avaient permis à la plus grande partie des gens de leur maison d'aller voir leurs parents et amis, et de s'absenter jusqu'au lendemain ; ils n'avaient conservé auprès d'eux que deux ou trois personnes.

Les choses étant ainsi réglées, après avoir fait coucher leurs enfants, M. le duc et madame la du-

---

Deuil, mourning—*plonger,* to be thrown.

chesse se retirèrent, chacun dans son appartement; les domestiques restés fatigués du voyage comme les maîtres, les imitèrent, et bientôt après, le silence du sommeil régna dans l'hôtel. Mais deux ou trois heures plus tard, vers deux heures du matin, le bruit d'une sonnette irrégulièrement agitée, réveilla l'un des domestiques et lui annonça que madame la duchesse réclamait ses services; il s'habilla à la hâte, courut à l'appartement de sa maîtresse, et chercha à ouvrir la porte; une résistance inaccoutumée ne lui permettant pas d'entrer, il se disposait à se retirer, lorsqu'il entendit des gémissements étouffés partir de l'intérieur de l'appartement; craignant que madame la duchesse ne fût incommodée, et n'écoutant que son dévouement, il fit de nouveaux efforts, et parvint à enfoncer la porte.

En ce moment, un spectacle affreux s'offrit à ses regards: madame la duchesse de Praslin était étendue, baignée dans le sang qui s'échappait avec abondance des larges et profondes blessures qu'elle avait reçues à la gorge, et ne laissait entendre qu'un faible râlement d'intervalle à intervalle; ses mains étaient teintes de sang, et l'empreinte d'une main ensanglantée au cordon de la sonnette indiquait qu'elle n'avait sonné qu'après avoir été frappée. Des mèches de cheveux éparses sur le parquet annonçaient qu'elle avait dû soutenir une lutte avec le meurtrier; mais on ne remarquait aucune trace de vol, aucun meuble n'avait été fracture, et rien n'indiquait qu'une soustraction eût été commise: on voyait seulement quelques légers meubles et autres menus objets déplacés ou ren-

Râlement, rattling of death, death-struggle—*enfoncer*, to break open—*mèches*, locks.

versés, circonstance qui ne pouvait se rattacher qu'à une lutte ou à la précipitation de l'assassin à se sauver.

En présence de ce tableau horrible, le domestique recula épouvanté et appela des secours aussitôt. Ses cris furent entendus de M. le duc de Praslin, qui accourut en toute hâte et se jeta sur le corps ensanglanté de sa femme, qu'il étreignit dans ses bras. Des médecins furent demandés et vinrent sur-le-champ prodiguer les secours de l'art à la victime; malheureusement, les blessures étaient tellement graves, qu'elle cessa de vivre deux heures plus tard.

On sait presque aussitôt après la mort de la victime, que de graves soupçons s'élevèrent contre le duc de Praslin, qu'une ordonnance royale convoqua la Cour des pairs, pour mettre le duc en accusation. Lorsque le procès s'instruisait par les soins de M. le chancelier de France, le duc, qui s'était empoisonné avant son arrestation, trouva la mort au milieu de ses interrogatoires.

BIOGRAPHIE.

Le duc de Praslin ou de Choiseul-Praslin, était le chef de la troisième branche ducale de la maison de Choiseul, la seule qui reste, le dernier duc de Choiseul, de la deuxième branche, mort gouverneur du Louvre, n'ayant point laissé d'enfant mâle.

Le duc de Praslin était petit-fils du duc de Pras-

Lutte, struggle—*se sauver*, to run away—*étreindre*, to clasp—*convoquer*, to call, assemble—*mettre en accusation*, to proceed against—*instruire un procès*, to get up a case, to prepare to try one—*interrogatoires*, examinations.

lin, membre des Etats-Généraux, (1782,) qui se rallia à la minorité de la noblesse et embrassa avec modération la cause des réformés, est le fils du duc de Praslin, chambellan de l'impératrice, (1810,) colonel de la première légion de la garde nationale de 1814, dont on trouve le nom honorablement mêlé, lors des deux invasions, aux projets de la résistance de la ville de Paris. Nommé pair de France dans les cents-jours, (1815), exclu à la deuxième restauration, il ne fut rappelé qu'en 1819 par le ministère de M. Decazes. Il est mort le 29 juin 1841.

Le duc de Praslin, dont le nom fixe en ce moment d'une manière aussi fatale l'attention publique, était né en 1804. Après avoir été député pendant l'espace d'une législation, il a été nommé pair de France par le ministère actuel. A sa mort, il était chevalier d'honneur, adjoint de madame la duchesse d'Orléans, et propriétaire du beau château de Vaux, près de Melun.

Madame la duchesse de Praslin était mariée depuis 1825. Elle était fille unique de M. Horace Sébastiani, aujourd'hui maréchal de France, et d'Antoinette-Françoise Jeanne de Coigny.

Lorsqu'elle fut ravie à sa famille et à la société d'une manière si cruelle, elle venait d'atteindre sa quarantième année.

C'était une femme aussi remarquable par les agréments de sa personne que par la distinction de son esprit et de ses manières. A toutes les vertus d'une excellente mère de famille, son excellent cœur joignait une charité toujours active et une bienfaisance inépuisable.

Ravie à, snatched from—*inépuisable,* inexhaustible.

RÉFLEXIONS SUR LES LETTRES.

Après l'assassinat de la duchesse, on apposa les scellés sur tous les papiers qui se trouvaient, soit au château de Vaux-le-Praslin, soit à l'hôtel Sébastiani.

Parmi ces papiers, on trouva des documents importants que la Cour des pairs a considéré comme un devoir de porter à la connaissance du pays.

Ces documents sont des lettres de la duchesse, tantôt adressées à son mari, tantôt sans aucune adresse, et destinées seulement à recevoir ses douloureuses impressions.

Si, dans un sujet aussi déplorable, il était permis de songer à tout ce qui tient aux grâces de l'esprit, et de se laisser saisir par des pensées littéraires, nous dirions que ces lettres, ou plutôt ces fragments tracés par elle, prendront parmi les pages remarquables que nous devons au talent épistolaire des femmes.

Ayant été écrites presque toutes dans des moments où la pauvre duchesse éprouvait les plus pénibles émotions, ce ne sont point là des missives soigneusement formulées qui cherchent une réputation littéraire pour leur auteur ; cette arrière-pensée d'amour-propre qui guide les plus vives expansions, et condamne le cœur à ne s'épanouir que dans les formes académiques, cette arrière-pensée n'est venue rien gâter, rien ternir.

On apposa les scellés, they placed a seal—*missives,* letters, dispatches—*formulées,* set, composed—*amour-propre,* self-conceit—*s'épanouir,* to bloom, bud—*arrière-pensée,* with a view.

A chaque instant des éclairs d'éloquence jaillissent au milieu de nuages de larmes, mais ces éclairs sont rapides comme ceux qui déchirent le ciel ; ils ne sont point préparés par ces phrases banales de rhétorique, qui, bien loin de les faire valoir, n'auraient eu pour effet fâcheux que d'en affaiblir la vivacité et l'éclat.

Les lettres de la duchesse ont l'incohérence et le trouble de l'âme qui les exhale ; avec une partie des pensées admirables que contient cette correspondance, il y aurait, de quoi faire une belle réputation d'écrivain ; mais comme la malheureuse victime était sans prétention, et voulait seulement se reconnaître et se trouver dans ces mots qui coulaient de son cœur avec ses larmes, il ne faut pas s'étonner si les répétitions abondent, et si cette confession a la sombre uniformité d'un soupir qui se prolonge jusqu'à l'agonie et la mort.

Mais en voilà assez sur la forme d'une pensée qui n'avait d'autre but que de savourer son amertume. Ce qui intéresse surtout dans cette correspondance, c'est l'inépuisable abondance dans l'expansion des sentiments ! Comme elle aime cet indigne mari !

Que de fois, après lui avoir dit qu'elle renonce à son amour, elle travaille à reconquérir l'affection qu'elle a perdue, à reprendre quelques droits, sur un cœur qui ne bat plus pour elle. Ce cœur épuisé et flétri est incapable de répondre à son amour ; une passion grossière et aveugle l'occupe entièrement, et empêche toute affection généreuse d'y pénétrer. Qu'il est triste d'assister au désespoir de cette femme qui voudrait en vain communiquer, à l'être qu'elle

Eclairs, flashes—*jaillir*, to come across, dash through—*but*, aim, object—*savourer*, *&c.*, to indulge, relish.

aime, le sentiment religieux qui la soutient et la console !

A la fin, elle parvient à comprendre l'inutilité de ses efforts. Elle sent que l'ardeur de son âme est impuissante à réchauffer une âme qui n'est plus émue par le beau idéal d'un amour immatériel ; elle se met alors à regretter ses attraits corporels :

"Je sens avec amertume," dit-elle, "que je perds tous les avantages qui pourraient seuls le gagner. Mes traits s'altèrent, mes forces diminuent, ma beauté s'en va."

Plus tard, elle jette au milieu de ses douleurs un regard de compassion sur ce mari qui se perd dans son insensibilité et son abrutissement : "Ce pauvre homme ! je le plains ; quelle vie il mène." Puis, considérant l'avenir avec terreur, elle jette au milieu de ses craintes ces paroles prophétiques : "Quel avenir il se prépare !... Mon Dieu ! mon Dieu ! soutenez-moi, j'ai peur de l'avenir !..."

Quelque mois après ces douloureuses exclamations, un dernier acte venait s'ajouter à ce drame lugubre, et faisait répandre des larmes à toute la France, sur le sort de cette victime malheureuse, dont le cœur était aussi noble que l'esprit, dont le courage était si grand, dont les sentiments étaient si généreux, dont l'amour était si sublime !

Abrutissement, brutish degradation

NOTES

EXPLICATIVES SUR LES LETTRES

DE

MADAME DE PRASLIN.

LETTRE I.

ARGUMENT.

Lettre de madame la duchesee de Praslin, trouvée dans le secrétaire du duc de Praslin, à Paris. Cette lettre est du 21 mai 1840, et la pauvre duchesse rappelle à son mari qu'il y a déjà trois ans qu'elle est obligée de vivre séparée de lui, et qu'elle ne peut lui manifester son amitié que devant le monde. Néanmoins ces moments où il lui est permis de se montrer affectueuse, empressée à l'égard de celui qu'elle aime avec ardeur, sont des moments de consolation, de bonheur pour elle. "*Oh donnez-m'en souvent, mon ami,*" dit-elle, "*j'en serai reconnaissante, je reprendrai des éclairs de gaîté par les illusions qu'ils me causeront.*"

Elle finit sa lettre par un adieu qui fait couler les larmes : "*Nous nous retrouverons là-haut,*" dit-elle ; "*c'est le seul rendez-vous que je te donnerai désormais.*" Quatre ans plus tard, ce rendez-vous devait avoir une réalisation bien lugubre !...

LETTRES II. ET III.

ARGUMENT.

Ces lettres furent trouvées au château de Vaux-le-Praslin. Elles portaient sur l'enveloppe cette suscription :

Eclairs, sparks.

Monsieur le marquis de Praslin, à Praslin, *près Melun (Seine-et-Marne)*: ce qui indique qu'elles ont été écrites avant la mort du père du feu duc de Praslin, et vers 1838 ou 1839.

Dans ces lettres, la duchesse reproche tendrement à son mari l'éloignement dans lequel il se tient à son égard. Elle se plaint que depuis quatre mois il ait entièrement déserté la société de sa femme, et qu'il refuse toute relation avec elle, sous prétexte qu'elle chercherait à le dominer et à exercer son ascendant sur lui. La duchesse lui demande en même temps pardon de ses propres emportements et de ses jalousies, et le supplie instamment de ne point persister dans cette désunion qui la fera, dit-elle, mourir de douleur.

Rien n'est plus beau et plus vrai que ces paroles affectueuses par lesquelles elle cherche à ramener à elle le cœur déjà desséché de son mari : "*Mon ami, la confiance est le mariage des âmes, les épanchements en sont les caresses, et l'union, le bonheur et la vertu en sont les fruits.*"

Cette lettre constate déjà à cette époque, c'est-à-dire huit ans environ avant le fatal événement, l'air sombre, triste, mélancolique du duc ; elle indique aussi qu'il avait donné lieu plusieurs fois, à sa femme, de le soupçonner de préférer d'autre société, etc. *Cependant, à cette même époque, il n'était point encore question de Mlle. Deluzy, qui était encore en Angleterre.*

LETTRE IV.

ARGUMENT.

Les dix lettres suivantes ont été extraites d'un petit volume, fermant à clef, trouvé au château de madame la duchesse de Praslin, et qui porte sur la première feuille ces mots : *A mon mari, le duc de Praslin, (lui seul)*.

Dans la première de ces lettres, la duchesse, après avoir parlé de ses douleurs, de sa santé qui s'altère, de ses forces qui s'affaiblissent, et des remèdes violents qu'elle

---

Desséché, withered—*épanchements*, effusions.

emploie pour déguiser son mal aux yeux du monde, se plaint de nouveau tourment qu'on lui fait endurer, de ce qu'on dérobe ses enfants à ses soins et à son amour de mère. C'est ici, pour la première fois, qu'il est question de mademoiselle De Luzy. Cette demoiselle, sur laquelle on a débité beaucoup de contes, est de Paris. Elle s'était d'abord livrée à la peinture ; mais ayant peu d'espoir et de succès dans cette partie, elle se plaça, dans une famille anglaise, en qualité de gouvernante, puis revint à Paris, où, sur de puissantes recommandations, elle entra dans la maison de la duchesse.

Mademoiselle Deluzy, dont nous avons vu des lettres originales ; signe tantôt *Deluzy* et tantôt *Deluzy Desportes*, et non pas *de Luzy*, en se donnant la particule de la noblesse. Elle a trente-cinq ans, quoiqu'elle n'en paraisse avoir que vingt-sept ; sa taille a perdu la souplesse et l'élégance de la jeunesse ; ses yeux, petits et légèrement bridés, sont cerclés de brun ; ils ont une expression fine et spirituelle ; son teint, pâle et mat, indique la fatigue ; ses cheveux, assez beaux, d'un châtain clair, sont arrangés avec goût.

Elle a subi plusieurs interrogatoires devant la Cour des pairs. Ceux qui ont entendu ses réponses s'accordent à la regarder comme une femme d'un talent supérieur. Ses paroles sont des plus remarquables dans la forme comme dans le fond. "*Impossible de les écrire*, a dit un juge compétent, M. Cousin ; *rien de plus vif et de plus brillant*."

La duchesse de Praslin, dans ses différentes lettres, se plaît à reconnaître les talents de la gouvernante ; mais elle lui reproche d'être légère et sans idées religieuses, et elle se plaint à son mari de ce qu'il confie sans restriction tous ses enfants à une pareille femme. La duchesse, qui se voit séparé de tout ce qu'elle a de plus cher, donne encore une fois rendez-vous à son mari dans une autre monde, où elle espère pouvoir lui manifester sans crainte l'affection qu'elle ne cesse de lui porter.

Débité, said—*taille*, shape—*souplesse*, flexibility—*bridés*, arched—*cerclés*, with a dark line—*teint*, complexion—*chatain*, auburn—*clair*, light.

LETTRE V.

ARGUMENT.

Cette lettre est une des plus touchantes que l'infortunée duchesse ait écrite. Elle réclame avec instance ses droits maternels qui lui ont été ravis, dit-elle, par une femme qui manque de convenance, de pudeur et de sentiments religieux. "*Tu lui as donné tous mes devoirs à remplir*," ajoute-t-elle, "*toutes mes joies, toute mon autorité.*" La duchesse, après s'être plainte de ce que cette femme a conquis le droit d'entrer à toute heure dans l'appartement de son mari, d'où elle-même est exclue honteusement, prodigue à cet indigne mari les paroles de tendresse les plus affectueuses et les plus attendrissantes :

"*Théobald*," dit-elle au milieu de ses peines les plus amères, "*je t'ai toujours aimé, je n'ai jamais aimé que toi, je t'aime encore ; je souffre, mais je t'aime encore.*" Il fallait avoir un cœur d'airain pour ne pas être touché par de semblables paroles.

LETTRE VI.

ARGUMENT.

La duchesse décrit encore dans les termes les plus touchants sa cruelle position d'être séparée de ses enfants et de son mari, de tout ce qu'elle aime dans ce monde, "*La mort vient à pas lents*," dit-elle, "*mais elle arrive... Pendant que je pleure, que je me désole, tu prends peut-être gaîment le thé avec celle à qui tu as donné mes enfants !*" Les tourments qu'elle endure lui font croire qu'elle est coupable :

"*Faudra-t-il donc que je meure*," s'écrie-t-elle, "*pour que tu me pardonnes?... Je ne serai donc plus ton amie, ta femme, ta compagne de tous les moments, la mère de tes enfants?...*"

Comme l'infortunée duchesse savait comprendre ses devoirs de mère et d'épouse ! Comme elle repousse des conseils perfides que lui donnait son mari, de former des liens, des amitiés en dehors de chez elle ! La purete de cœur, la sublimité de son amour la sauvèrent du danger auquel il désirait peut-être qu'elle s'exposât...

LETTRE VII.

ARGUMENT.

La duchesse a reçu la veille quelques attentions de son mari ; elle lui reproche doucement sa vie mystérieuse et ses relations avec des personnes qu'il ne saurait avouer.

LETTRE VIII.

ARGUMENT.

La duchesse de Praslin révèle dans cette lettre l'empire que mademoiselle Deluzy exerçait de plus en plus sur son mari. L'infortunée avait eu l'intention, à à ce qu'il paraît, de recourir à cet ascendant pour tacher de réconquérir le cœur de son époux. Elle avait prié la gouvernante de vouloir bien servir de médiatrice dans cette circonstance. C'était un beau rôle qu'elle offrait là à mademoiselle Deluzy, Mais celle-ci ne voulut ou ne sut pas comprendre ce qu'il y avait d'honorable pour elle d'aider la duchesse à recouvrer l'affection de sa famille ; elle refusa la demande qui lui était faite, et ajouta même, si l'on en croit la duchesse, l'insulte à ses refus.

Le duc continuait de montrer la plus grande froideur à l'égard de sa femme ; souvent il faisait plus, il s'irritait contre elle, il l'injuriait, il lui brisait des ombrelles, ses cristaux et ses objets précieux. Une fois même, il poussa la cruauté jusqu'à lui faire brûler les lettres de tendresse qu'il lui avait écrites lorsqu'il l'aimait, lettres auxquelles elle tenait tant, qui lui rappelaient ses beaux jours passés, qui étaient les seuls témoignages, les restes d'un amour éteint !

Veille, the night before—*avouer*, name—*ombrelles*, parasols—*cristaux*, glass vases.

LETTRE IX.

ARGUMENT.

La duchesse continue à se plaindre de la conduite du duc de Praslin et de celle de la gouvernante de ses enfants. Elle regrette avec une nouvelle amertume la possession de ses droits d'épouse et de mère.

LETTRE X.

ARGUMENT.

Dans cette lettre, la duchesse s'accuse d'avoir quelquefois sacrifié son amour pour son mari. Elle s'excuse par divers motifs, et sur ce qu'elle confondait trop ses enfants avec leur père.

LETTRES XI. ET XII.

ARGUMENT.

La duchesse continue d'exhaler ses plaintes affectueuses.

La duchesse rapporte qu'elle a eu une explication avec mademoiselle Deluzy. La gouvernante a répondu aux reproches de la duchesse, de vouloir lui enlever l'affection de ses enfants, qu'elle n'avait point du tout cette prétention, et que le duc de Praslin lui avait dit, et répétait sans cesse aux enfants, que la mauvaise santé de leur mère empêchait celle-ci de s'occuper d'eux.

LETTRE XIII.

ARGUMENT.

L'infortunée duchesse, au milieu de ses peines, se peint en son imagination les instants où elle était heureuse : la chambre qu'elle habite et où elle a été aimée véritablement ; la vue de ce perron (du château de Vaux-le-

---

Exhaler, to vent one's..

Praslin) par lequel elle est montée le jour de son mariage, si pleine de joie, d'amour et d'espérance ; tout cela la tue de douloureux souvenirs, tout cela la rend folle. "*Oui, je suis folle! folle furieuse par moments!*" s'écrie-t-elle, "*mais c'est ta faute, Théobald! tu étais ma vie, mon bonheur, le but de tous mes vœux, de mes pensées, de mes actions!.... Maintenant tu m'as abandonnée!....*"

Les chagrins rendent superstitieux. La duchesse a vu une arraignée le matin, et une autre soir, ce qui lui a donné successivement de la frayeur et de l'espoir : "*Que l'esprit de l'homme est faible!* s'écrie-t-elle, à ce sujet ; "*et cependant c'est bien en vous seul, ô mon Dieu! que mon cœur a remis ses espérances.*"

LETTRE XIV.

ARGUMENT.

Cette pièce a été trouvée dans le secrétaire de la duchesse de Praslin. La duchesse fait part à son mari de ses douleurs ; elle cesse de le tutoyer ; la froideur et le mépris de son mari ne lui permettent plus d'user de cette marque d'intimité.

LETTRE XV.

ARGUMENT.

La duchesse demande à son mari de le quitter sans bruit et sans éclat pour quelque temps. Elle le supplie de lui accorder sa fille Aline, qui, à cause d'une infirmité, inspire à son père moins d'affection....

LETTRE XVI.

ARGUMENT.

La duchesse répond au duc de Praslin, qui rapporte faussement toutes les pensées de sa femme au soupçon

---

Perron, flight of stone stairs—*arraignée*, spider—*tutoyer*, to use *thee* and *thou* in addressing one ; endearing terms.

d'intimités coupables avec la gouvernante. "*Il n'y a pas que cette chose-là qui me soit pénible,*" dit-elle ; "*mais te voir préférer la société d'une autre, lui donner tous mes droits à ton amitié, à ta confiance, tous ceux que j'avais sur mes enfants, voilà de véritables et profonds sujets de chagrin.*"

LETTRE XVII.

ARGUMENT.

La duchesse exprime de nouveau ses plaintes. Quoiqu'elle ait cessé de tutoyer son mari, elle lui donne encore le titre affectueux de *mon ami ;* elle finit sa lettre en manifestant la résolution de se séparer entièrement de lui.

LETTRE XVIII.

ARGUMENT.

La duchesse insiste auprès de son mari pour récupérer les droits qu'elle a perdus. J'aurais donné tout mon sang, dit-elle, pour regagner ta tendresse, pour en jouir encore quelques instants et mourir !... J'ai été lâche, égoïste, coupable, ajoute-elle, en t'abandonnant toute ma part de droit sur nos enfants ; mais j'espérais que ce sacrifice, plus grand que celui de ma vie, te toucherait !.... Jamais, jamais, je n'aurais consenti de bonne volonté à être privée de tous rapports avec mes enfants, à ne plus exercer d'influence morale sur eux.... La personne, ajoute-elle encore en parlant de mademoiselle Deluzy, qui est capable de profiter des dissentiments qu'elle a remarqués à son arrivée, afin d'accroître son autorité, qui nous a complétement brouillés, qui a totalement séparé une mère de ses enfants, est profondément immorale et indigne de la confiance que tu lui témoignes.

LETTRE XIX.

ARGUMENT.

Lettre sans date, trouvée dans le secrétaire du duc de Praslin, à Paris.

Brouiller, to set at variance, make discord—*témoigner*, to show, evince.

Dans cette lettre, la duchesse déclare à son mari que son parti est pris, qu'elle est décidée à vivre et à souffrir parce qu'elle a des devoirs à remplir.

LETTRE XX.

ARGUMENT.

Lettre sans date, trouvée dans le secrétaire du duc de Praslin, à Paris.

La duchesse reproche à son mari de l'avoir bannie de sa présence lorsqu'il souffrait : " *Le but de la vie d'une femme,*" dit-elle, " *est d'être l'amie, la compagne, la consolation de son mari, d'élever ses enfants, de diriger l'intérieur du ménage...*" Elle continue de réclamer la possession de ses droits maternels.

LETTRE XXI.

ARGUMENT.

Lettre sans date, trouvée au château de Vaux-le-Praslin.

La duchesse persiste dans ses réclamations. " *Si je lutte encore,*" dit-elle, " *c'est parce qu'il est de mon devoir de ne pas donner, par mon silence, un consentement tacite à un état de choses qui regarde mes enfants.*"

LETTRES XXII ET XXIII.

Ces lettres sont trouvées sans date dans le secrétaire de madame la duchesse de Praslin, au château de Vaux-le Praslin.

LETTRE XXIV.

Autre lettre adressée à son mari. Dans cette lettre, la duchesse parle d'une insulte qui lui aurait été faite par la gouvernante de ses enfants.

LETTRE XXV.

ARGUMENT.

Lettre sans date, trouvée dans le secrétaire de madame la duchesse de Praslin, au château de Vaux-le-Praslin.

La duchesse s'excuse auprès de son mari de quelques emportements auxquels elle s'est laissée aller dans son exaltation. Elle supplie de ne pas la repousser et de ne point désespérer qu'elle puisse faire son bonheur.

LETTRE XXVI.

Lettre à son mari, écrite au crayon, et trouvée dans le secrétaire de la duchesse de Praslin, au château deVaux-le-Praslin.

LETTRE XXVII.

ARGUMENT.

Autre lettre trouvée dans le secrétaire du duc au château de Vaux-le-Praslin. Cette lettre porte pour suscription : *Monsieur le duc de Praslin. (Pressée).*

La duchesse fait connaître par cette lettre, qu'après avoir vainement cherché un appui dans la famille de son mari, elle s'est enfin adressée à son père pour la protéger et la soutenir dans son malheur.

Mes impressions de vendredi 17 *juin* 1847.

Pièce trouvée dans le secrétaire de madame la duchesse de Praslin, à Paris.

ARGUMENT.

La duchesse, en décrivant ses impressions, fait le portrait de son mari : "*Il était faible de caractère et paresseux d'esprit,*" dit-elle ; *la matière l'a emporté, elle éteint, elle engourdit tout chez lui. Quelle vie que la sienne !*" Le duc l'avait menacée : " *L'avenir m'effraye !* " s'écrie-t-elle, en y pensant ; " *mon Dieu ! venez à mon aide !* "

SUITE.

Trouvée cachetée, à Paris, dans le secrétaire de madame la duchesse de Praslin, sous une enveloppe portant pour inscription : " *Mes impressions.*"

ARGUMENT.

La duchesse continue à faire le portrait de son mari ; elle le trouve actuellement terre-à-terre et denué de tout sentiment généreux. Elle termine cet écrit en manifestant pour l'avenir la même crainte que dans la pièce précédente.

LETTRE XXVIII.

Lettre de M. le maréchal Sébastiani au duc de Praslin, trouvée dans le secrétaire du duc, à Praslin. Cette lettre était enfermée dans une enveloppe portant cette suscription : *Monsieur le duc de Praslin.*

LETTRE XXIX.

Lettre de madame la duchesse de Praslin, à mademoiselle Deluzy lorsque celle-ci était à Turin, auprès de la fille aînée de la duchesse.

LETTRE XXX.

Autre lettre de madame la duchesse de Praslin à mademoiselle Deluzy, paraissant avoir été écrite le 1er janvier 1847, et trouvée au domicile de mademoiselle Deluzy.

Dans cette lettre, la duchesse montre envers la gouvernante, qui a été pour elle la cause de tant de douleurs, une générosité qu'on est forcé d'admirer.

LETTRE XXXI.

Lettre de la duchesse de Praslin à mademoiselle Deluzy, dont une copie a été trouvée, le 20 août 1847, dans le secrétaire du duc de Praslin, à Paris.

Il avait été convenu, depuis la médiation du maréchal Sébastiani, que mademoiselle Deluzy quitterait la France, et irait habiter l'Angleterre. La duchesse lui fait ses offres de services à ce sujet, et lui fait même présent d'un livre que la gouvernante lui avait demandé à prêter.

LETTRE XXXII.

Lettre adressée par mademoiselle Deluzy à madame la duchesse de Praslin, 17 ou 18 juin 1847. Cette lettre est la réponse à celle que lui avait écrite madame la duchesse.

CORRESPONDANCE

DE

Mme. LA DUCHESSE DE PRASLIN.

LETTRE I.

TROUVÉE DANS LE SECRÉTAIRE DU DUC DE PRASLIN.*

21 mai 1840.

NE vous étonnez pas, mon cher Théobald,† de ma crainte de me trouver seule avec vous. Nous sommes séparés pour toujours, vous l'avez dit; la journée d'hier vivra dans mon cœur par un bien pénible souvenir. Hier soir, vous avez pu juger que j'en comprenais tout le sérieux, puisque, devant les

* *Praslin*, la lettre *s* ne se prononce pas dans ce nom, et la voyelle a doit être prononcée longue comme dans *château*, *châtiment*; autrefois *chasteau*, et *chastiment*.

† *Théobald*, [pron, *té-o-bal*], nom de baptême du duc.

personnes qui sont les motifs de cette séparation, ma conduite a été telle qu'elle pouvait l'être, si nous eussions été très unis. Oui, je vous le jure, devant le monde vous serez toujours content de moi; les efforts que j'ai faits hier, bien naturellement après cette cruelle journée, vous en seront les meilleures preuves. Tant que j'ai conservé l'espoir d'un rapprochement, d'une réconciliation, (et j'en avais beaucoup dernièrement), j'étais continuellement dans l'alternative de joie et de crainte qui me poussait à des boutades d'emportement et d'aigreur; maintenant que le sacrifice est consommé, soyez tranquille: devant les enfants, les gens, la famille, le monde, jamais rien ne pourra vous accuser d'avoir détruit mon bonheur.

Oh! quand je dis toi, ce n'est pas toi que mon cœur accuse; mais me trouver seule avec vous, mon ami, c'est au-dessus de mes forces: j'ai besoin de pleurer dans la solitude, de m'y recueillir, de m'y reposer pour prendre l'énergie nécessaire pour cacher aux yeux de tous mon malheur; mes illusions sont

---

Boutades, fits of passion—*aigreur*, irritation, *or* sourness of temper—*épanchement*, effusion of the heart, disclosing, &c.

encore trop près, mes habitudes d'épanchement avec celui que j'aime, trop récentes, pour que je puisse prendre encore l'habitude d'une réserve froide et affectueuse vis-à-vis de vous, qui seule peut convenir dorénavant à ma position.

Maintenant mon cœur déborderait toujours : il faut que le temps calme les expressions de la douleur et lui donne la force de l'habitude. Alors, soyez-sûr, mon ami, au lieu de vous fuir, vous serez encore, comme toujours par le passé, la personne avec laquelle je préférerai de me trouver. Aujourd'hui, mon amour est encore trop chaud dans mon cœur ; c'est un deuil que ma vie intérieure ; désormais, les sentiments qu'il me fait éprouver seront toujours les mêmes, mais le temps en adoucira les formes.

Ne m'en voulez donc pas, mon ami, si je vous fuis ; je sens que je le dois, pour ne pas empoisonner votre vie. Devant le monde, devant les tiers, oh ! je serai bien plus à mon aise : il me sera libre et même convenable d'être, vis-à-vis de vous, affectueuse, empressée, causante ; ces moments-là seront

---

Les tiers, strangers, third party—*certes*, surely.

mes moments de consolation, de bonheur, de joie bien pure; oh! donnez-m'en souvent, mon ami, j'en serai bien reconnaissante, je reprendrai des éclairs de gaîté par les illusions qu'ils me causeront. Certes, après ce qui s'était passé dans la matinée, la société d'hier au soir n'avait rien de pénible pour moi.

Eh bien! vous l'avez vu, je paraissais heureuse, je l'étais presque, je me disais: Si nous étions bien unis, il faudrait faire ceci, dire cela, et je le faisais, et cette illusion me faisait du bien. Seule avec vous, je dois être toujours sur mes gardes en présence de la triste réalité; nous sommes séparés, et quoiqu'il y ait trois ans que nous vivions comme si l'étions, il restait l'espérance: hier l'a tuée.

Pour être vis-à-vis de vous, mon ami, comme je dois l'être dorénavant, il faut travailler à oublier le passé et surtout mes espérances. Le temps et l'habitude de l'isolement peuvent seuls m'apprendre à détacher, dans ma pensée, *Théobald*, de Monsieur de Praslin; que le premier ne doit vivre que comme un mystère dans mon souvenir ou bien devant le monde, et que, seul avec vous dans vos pensées et dans vos habitudes, je ne suis plus qu'avec Monsieur de Praslin.

Ah ! croyez-moi, je voudrais être certaine que vous serez heureux au prix de tout ce que j'ai souffert et de ce que je vais souffrir maintenant sans avenir. Venez sans crainte au *Vaudreuil*,* restez beaucoup chez vous avec vos enfants ; vous ne me trouverez jamais sur votre chemin. Je cherchais depuis longtemps toutes les occasions de faire renaître mes espérances, je les fuirai : il m'en coûte trop pour les perdre.

Adieu ! Oh ! que ce mot renferme de douleurs maintenant que je ne prévoyais pas ! Adieu, et cependant tu m'aimais ! Adieu ! là-haut nous nous retrouverons ; ne refuse pas cette dernière prière, *le seul rendez-vous* que je te donnerai désormais, que cette idée t'occupe quelquefois : je t'aime toujours.

---

* *Vaudreuil*, maison de plaisance, ou un des châteaux de la famille de Praslin.

LETTRE II.

(Antérieure au mois de juin 1841*).*

Oh ! pourquoi mon bien-aimé, te refuser à épancher ton âme dans la mienne ? Tu retranches de notre vie tout le charme de l'affection ! Crois-tu donc, ou plutôt veux-tu t'efforcer à croire que l'indépendance c'est l'isolement ? Tu dis que je suis exigeante, parce que je désire partager toutes tes peines ; tu ne veux pas que je m'aperçoive lorsque tu en as ; mais tu veux donc être pour moi un étranger, et pour cela ne faut-il pas que tu me deviennes complètement indifférent ?

Que de temps avant d'arriver à cette insouciance pour la personne que l'on aime le plus ! Crois-tu

Epancher, to open one's heart—*retrancher*, to cut off, to lessen—*exigeante*, unreasonable, to expect too much—*l'isolement*, solitude, seclusion—*insouciance*, indifference.

donc que ce soit possible, que mon cœur ne serait pas brisé avant d'en arriver là ? Tu es affligé toi-même de me voir triste, et tu en sais la cause ; tu sais les consolations qne tu pourrais me donner, et cependant tu en es peiné !

Eh bien ! moi, je te vois souffrir, être triste ; je sais qu'il y a dans mon cœur des trésors d'amour pour calmer et adoucir en toi tous les chagrins, et tu me repoussee ! Ne suis-je pas la compagne de ta vie ? la moitié de toi-même ? celle qui doit consoler et partager tous tes chagrins comme tes plaisirs ? Si tu étais malade, de qui accepterais-tu tous les soins ? N'est-ce pas ma main que tu voudrais pour te soigner ? Eh bien ! les chagrins sont les maladies de l'âme, de l'esprit ; pourquoi me rejeter ?

Qui peut les adoucir, si ce n'est celle que Dieu a mise près de toi pour te consoler, adoucir tes peines, partager ta vie entière ? Ce n'est pas un cœur comme le tien qui ne comprend pas les jouissances, les besoins d'un cœur ami, où tout se confond et s'adoucit ; c'est la violence de mes manières qui t'a inspiré cette répugnance à l'épancher dans mon sein. Tu ne dirais jamais à un homme que sa femme ne doit pas être la compagne, la moitié de son cœur comme de son corps. Tu comprends ce bonheur, tu en sens le besoin, mais tu as peur de mes manières soupçonneuses, dominantes. Crois-moi, Théobald, quatre mois de douleur et de repentir m'ont bien corrigée; c'est pour adoucir, consoler, et non visiter, critiquer, que je réclame ta confiance. Ah! je te le jure, je ne chercherai plus jamais à prendre de l'ascendant sur toi; je reconnais trop bien la supériorité de ton caractère, de ta raison; je ne veux plus que partager ta vie, pour l'embellir et verser du baume sur toutes tes plaies. Tu as quitté ma chambre, parce que tu crains que je ne cherche à prendre de l'ascendant sur toi, mon ami: je te le jure, au nom de mon amour, du tien, sur tout ce qu'il y a de plus sacré et de plus cher pour moi, je ne demande que ton amour, ta confiance, comme tu as la mienne; je me laisserai conduire en tout par toi; je ne te tourmenterai plus de jalousie; je ne m'arrogerai jamais le droit de reproche ni de conseil.

Soupçonneuses, suspicious—*dominante*, domineering, authoritative, austere.

Je me repens trop, je souffre trop de mes fautes pour y retomber.

Nous sommes bien jeunes, Théobald ! ne nous condamnons pas à l'isolement tous deux. Quoi ! nous nous aimons, nous sommes purs tous deux, et nous vivrions séparés l'un de l'autre, de cœur et d'esprit ! Oh ! ne laisse pas opprimer ton cœur par un peu d'amour-propre ; je te jure que je n'aspire qu'à ta tendresse, ton intimité et ta confiance ; je serai la moitié aimante, mais passive, de ta vie.

LETTRE III.

Suite—DE LA MÊME AU MÊME.

Mon ami, la confiance est le mariage des âmes, les épanchements en sont les caresses et l'union, le bonheur et la vertu en sont les fruits. Va, crois-moi, jamais je n'abuserai de ta bonté, de ta tendresse ; tes épanchements seront reçus dans mon cœur avec la même tendresse que tes caresses. Reprends ta Fanny ; essaye-la encore quelque temps avec affection, confiance ; tu verras que tu seras plus heureux que tu ne peux l'être dans l'isolement.

Tu cherches des distractions, mais es-tu réellement heureux ? Oh ! non, mon ami, on ne l'est pas avec un cœur comme le tien et la vie que nous menons. Ta femme, elle n'a pas d'autre bonheur, d'autre affection, d'autre famille, d'autre appui que toi. Tu la repousses comme une coupable ; elle n'ose se présenter à tes yeux, t'ouvrir son cœur, te couvrir de caresses, t'adresser ses prières. Tu l'as chassée de ton lit et de ton cœur ; ferais-tu davantage si elle n'était pas fidèle ? Elle n'était pas fidèle ! Elle pleure jour et nuit ; elle attend à ta porte* et n'ose entrer, car demain tu le lui reprocherais peut-être.

Mon ami, au nom de tant de souvenirs qui te sont chers, que tu m'as si souvent dit d'invoquer dans le cas où tu m'en voudrais sérieusement, oh ! ne me repousse plus ; rends-moi ta confiance, ton amour ; consens à recevoir les soins, les consolations de cette femme qui ne vit que pour t'aimer !

Oh ! je n'en abuserai jamais. Mon bien-aimé, de quoi m'en veux-tu, si ce n'est de mes soupçons et de mes emportements ? Y en a-t-il jamais eu, qu'une caresse n'ait fait cesser à l'instant ? Ne cède pas à ton irritation, au ressentiment ; ne sois pas inflexible.

---

* Pour comprendre le sens de ce passage, il est nécessaire d'avertir le lecteur que les deux sexes parmi la haute classe aristocratique en France occupe des appartements entièrement séparés l'un de l'autre.

Emportements, fits of passion.

Mon cœur se brise, Théobald ; pitié, pitié pour celle qui t'aime. Fie-toi à moi pour ton bonheur, comme je m'en fie à toi pour le mien.

Oh ! ne refuse pas, je t'en conjure ; tu verras que je ne serai jamais ni exigeante, ni impérieuse, ni soupçonneuse, si tu es confiant, si tu me rends cette douce intimité. Je veux partager tes chagrins, je veux ton cœur ; je te promets le bonheur.

Mon bien-aimé, mon ami ! oh ! crois-moi ; si tu savais avec quel bonheur j'ai entendu ton père, ce soir, te donner des éloges, s'étonner de tout ce que tu peux quand tu le veux ! oh ! j'étais heureuse et fière ; mais moi je ne m'en étonnais pas, car il y a longtemps que je sais tout ce que tu vaux. Ta femme est trop fière, trop heureuse de tes succès, elle t'aime trop, mon ami, pour ne pas mériter de partager tes chagrins, ainsi que toutes tes préoccupations.

Théobald ! je ne vis que par toi, en toi ; oh ! fais que je vive pour toi. Plus mes offenses ont été grandes, plus il est digne d'un cœur comme le tien de les pardonner. Oui, mon amour, mon dévouement, mon repentir sont dignes de ton pardon.

Oh ! ne brise pas ce cœur qui ne respire que pour toi. Ami ! ami ! toi qui m'as tant aimée, pardonne ; sois sûr que tu ne te repentiras pas de ta confiance, de ta bonté. Crois-tu donc que, lorsque tu me confieras tes peines, ta tête appuyée sur mon cœur, tes mains dans les miennes, mes lèvres sur ton front ; tu ne les sentiras pas moins amères que dans la solitude ? Lorsque j'adoucirai tous tes ennuis par des paroles d'amour et d'intérêt, crois-tu donc que tu ne seras pas plus heureux que maintenant ?

Oh ! ne sacrifie pas ton bonheur et le mien à une vaine crainte que mon caractère abusera de ta bonté ; non, non, je ne ferai que partager et adoucir dorénavant toutes tes sensations ; seras-tu moins homme, si tu as une amie qui te console, qui partage avec toi tous les ennuis et les plaisirs de la vie, sans d'autre vœu que celui de ton affection ? tes moindres désirs seront des volontés pour moi ; tu seras la volonté, le guide et la raison de notre union, et j'en serai la douceur, la consolation et la tendresse.

Cette union de nos cœurs sera un doux lien d'amour entre nous. Oh ! nous serions si heureux si tu voulais essayer ; tu verrais quelle douce gaîté remplacerait le chagrin qui me dévore. Tu serais toujours sûr de retrouver chez toi un visage serein et un cœur joyeux de te revoir et d'être le dépositaire de tes impressions ; et, quand tu voudrais m'emmener, une compagne heureuse de te suivre partout.

M'as-tu jamais vue, en aucun temps, préférer aucun plaisir au bonheur d'être près de toi ? et cependant tu as été peut-être plus jaloux que moi au fond. Dieu sait jusques où vont tes soupçons à cet égard, en ce moment ; car je ne sais à quel motif attribuer tes chagrins secrets ; dans quelle angoisse je vis ! Mon bien-aimé, nous pouvons encore être si heureux, laisse-toi te toucher, essaye d'être confiant avec moi, tu verras que tu ne trouveras que douceur et consolation, que jamais je n'essaierai de t'imposer mes idées.

Tu veux faire un essai ; je ne puis croire que tu veuilles m'abandonner ainsi pour toujours, nous priver des plus doux sentiments de bonheur ; mais la vie est si courte, mon bien-aimé, et il y a déjà si longtemps que nous sommes désunis, séparés !

Bientôt, je n'oserai plus faire des avances sans cesse repoussées, comme mes caresses ; il n'est pas dans ton caractère de faire les premiers pas ; l'habitude sera prise, ta femme te craindra trop pour essayer encore et la vie se passera ainsi, et tu ne seras pas heureux, et ta femme mourra de douleur ! Oh ! reviens, reviens à elle !

Monsieur le marquis de Praslin,

à Praslin.

Melun (Seine-et-Marne).

LETTRE IV.*

A MON MARI, LE DUC DE PRASLIN

(Lui seul).

" 13 janvier 1842, Paris.

" DEUX fois déjà les pages de ce livre ont été couvertes des amères douleurs de mon cœur ; je les ai brûlées dans un moment d'espoir, pour effacer tout témoignage de mes souffrances et ne plus t'offrir que les pensées du bonheur de ton retour.

" Deux années se sont écoulées ; mes espérances sont maintenant anéanties pour cette vie, et j'éprouve le triste besoin que tu connaisses bien un cœur qui avait concentré en toi tous ses plus tendres senti-

* Cette lettre a été extraite d'un petit volume relié, fermant à clef, trouvé au château de Praslin, dans le secrétaire de la chambre de madame la duchesse de Praslin.

ments, qui reposait en toi avec tant de confiance ses espérances de bonheur. Je sens que l'indifférence seule ne t'aurait pas conduit, ayant un bon cœur, à traiter ainsi une personne qui t'aime d'une manière qui ne t'a jamais inspiré de doutes. Il faut de l'aversion pour m'avoir ôté vis-à-vis de toi tous les droits d'une femme ; il fallait plus encore, il fallait du mépris pour m'arracher mes enfants.

" Mes enfants ! peux-tu croire que je les corromprais ? mais tu sais bien que mon cœur et ma vie sont purs ; et tu sais bien qu'il y a bien peu de mères, quelque coupables qu'elles aient pu être, qui soient capables d'un tel crime. Crois-tu donc que je ne les aime pas, grand Dieu ! mais tu crois donc que je n'ai pas d'âme, que je suis pire que les bêtes de proie. Mais tu dois bien savoir que je t'aimais trop pour ne pas aimer tes enfants, quand ce ne serait point par d'autres raisons.

" Oui, j'ai été longtemps indolente, incapable, mais j'étais toujours mal portante ; et maintenant que je sais, car tout me le prouve, que tu n'as plus aucune

---

Quelque, however—*mal portante*, in delicate health.

affection pour moi, tu me retires aussi mes enfants pour les donner sans restriction, tous à une jeune personne légère, qui n'a pas d'idées religieuses et que tu connais depuis huit mois.

" J'ai cru autrefois occuper la première place dans ton cœur, mais j'ai vu que je me trompais, et je me suis résignée. Puis, j'ai appris que tu estimais bien au dessus de mon affection, l'indépendance; je me suis soumise, après, je l'avoue, de cruelles luttes; puis, la mort de ton bon, excellent père, m'a fait comprendre que je ne devais venir qu'en quatrième ligne, après lui. Je le pleure trop sincèrement, ce bon père, pour ne pas approuver ce sentiment.

Oh! combien je serais heureuse si je pouvais encore avoir l'illusion d'occuper cette quatrième place dans ton cœur! Lorsque, après cette cruelle perte, tu me parlais encore une fois d'une nouvelle vie, d'une nouvelle ère, si tu savais comme j'étais confiante, heureuse! Hélas! combien j'étais loin de songer à cet éloignement complet, à cette séparation absolue de toi et de nos enfants!

Légère, flirty—*Luttes*, struggles.

"Ecoute-moi, cher ami, je suis loin de croire que tu me doives aucune affection, parce que je me suis bien conduite; ce n'est que le plus strict devoir que je devais remplir, si je t'avais autant détesté que je t'aimais au contraire. Mais je crois que cet accomplissement d'un devoir devait te donner assez de sécurité sur ma moralité, pour ne pas croire ma société et mon influence dangereuse pour tes enfants.

"Théobald! Théobald! ne suffisait-il pas à ta vengeance, pour me punir de mes emportements, de ma jalousie (auxquels ton mépris des usages reçus pouvait bien souvent donner lieu, je t'assure), ne suffisait-il pas de m'abandonner, de mener une vie comme celle que tu mènes depuis si longtemps, qui me déchire le cœur, qui a toutes les apparences de l'indifférence? Fallait-il encore me dépouiller de l'estime, de la tendresse, de la confiance de mes enfants?

"Oh! c'est cruel, mon ami! mais je ne puis me décider à t'en accuser, car il ne me resterait plus rien en ce monde, pas même l'affection, l'amour qui

---

Dépouiller, to deprive.

vit toujours en mon cœur pour toi, si je t'en croyais capable. Non, non, tu cèdes sans le savoir à une influence qui t'enveloppe de tous côtés. Ce n'est pas une phrase, mon bien-aimé, je meurs de chagrin ; car ce sont les souffrances morales qui ont amené une désorganisation dans ma santé. J'ai trop questionné les médecins pour n'en pas avoir acquis la certitude.

“ Les nuits, depuis près de cinq années, passées presque toutes, et jusqu'à trois ou quatre heures du matin, à pleurer, dans des convulsions de désespoir, où bien souvent, pour étouffer mes cris, je mettais mon oreiller sur ma bouche, m'ont agité les nerfs, produit de l'inflammation. Je puis ralentir l'effet de cette maladie par des soins physiques ; mais tant que les causes morales subsistent, elles agissent de même sur ces organes affaiblis, et la guérison est impossible. Je sens avec amertume que je perds tous les avantages qu'il serait indispensable, pour te ramener, de mettre en jeu. Mes traits s'altèrent, mes forces diminuent, mon caractère s'aigrit, mon humeur

---

Oreiller, pillow—*mettre en jeu*, to use—*traits*, features—*s'aigrit*, gets savoured.

s'assombrit, mon esprit s'éteint, mon énergie s'affaisse.

« Théobald, songe à la douleur, au découragement où t'a jeté la perte de ton père ; moi, j'ai perdu mon mari, mes enfants ; je suis près d'eux et il ne m'est point permis d'en jouir, je sais que je suis un fardeau méprisé. Il faudrait que je fusse bien comédienne pour être aimable et gaie avec des douleurs si amères. Le calme que j'obtiens n'est dû qu'à l'opium et à des efforts violents que je fais devant le monde et que je paie par des tremblements nerveux, des angoisses inexprimables, dès que je suis seule. Que de fois, depuis cinq ans, j'ai dû fuir d'un salon, sentant que je n'avais plus la force de contenir mes sanglots !

« Avant que je pusse avouer que je prends de l'opium, parce qu'il m'est ordonné, si tu savais combien de fois, des mois entiers, je me frictionnais la tête avec du laudanum pour obtenir quelques heures de repos ! Cher ami, jusqu'à il y a trois mois, je croyais que tu m'aimais beaucoup, que tu te croyais

---

S'assombrit, becomes melancholy—*s'affaisse*, sinks—*sanglots*, tears—*frictionnais*, I used to rub.

obligé de le cacher, que tu désirais aussi ardemment que moi un changement complet de vie.

“Hélas! que cette illusion était douce, heureuse! Mais depuis ce temps, mes yeux se sont ouverts graduellement, j'ai compris qu'on ne résistait pas tant d'années aux vœux, à la douleur d'une femme dont on partagerait l'affection, qu'on supporterait même seulement. J'ai enfin réfléchi que, lorsqu'il n'y avait ni confiance ni désir d'être avec une personne, c'est qu'on ne l'aimait pas; que, si on lui arrachait son enfant, c'est qu'on la méprisait.

“Oh! si lorsque je ne serai plus, ton cœur s'attendrit en songeant à cette Fanny qui t'aimait tant, à cette mère de neuf enfants qui n'en avait plus, qui était vouée au mépris de ses propres enfants; dis-toi alors qu'elle t'a toujours aimé, qu'elle a bien senti qu'une barrière placée par d'autres mains que les tiennes avait été mise pour séparer ceux que Dieu avait unis; qu'elle ne t'en a jamais voulu, qu'elle t'a cru entraîné, aveuglé.

“Ne la plains pas d'avoir quitté la vie, car elle souffrait trop pour désirer de conserver une vie si inutile à ceux qu'elle aimait, car elle sentait bien l'ignominie d'être inutile sur la terre avec un mari et neuf enfants. Dis-toi alors qu'elle a tant prié, si souvent offert à Dieu ses peines pour obtenir la grâce d'être réunie à vous tous dans une meilleure vie, où rien ne peut séparer, qu'elle part avec consolation, car elle espère que tu viendras au rendez-vous qu'elle te donne dans le ciel."

LETTRE V.

24 janvier 1842.

Chaque jour apporte une nouvelle douleur à ma triste vie. On m'a calomniée près de toi et tu me crois peut-être coupable. Sans cela, quelque amères que fussent ta haine et ta vengeance pour mes emportements et ma jalousie, aurais-tu pris sur toi de m'arracher mes enfants ? Quels que fussent ton abandon, tes mystères depuis tant d'années, je t'aimais assez pour me bercer de douces illusions, pour croire à un retour, et même, oh ! ne te moque pas de ma crédulité, pour croire encore à ta tendresse, à ta fidélité. Mais maintenant que tu m'as arraché tous mes enfants pour les donner à une évaporée que tu connaissais à peine ; à qui tu as donné tous mes devoirs à remplir, toutes mes joies,

Bercer, to flatter—*évaporée*, giddy girl.

toute mon autorité ; qui a le droit de disposer de mes biens les plus chers, mes enfants ; qui est la compagne de mon mari ; qui a conquis le droit d'entrer à toute heure, en toutes circonstances, dans cet appartement, où moi, ta femme, la mère de tes enfants, je n'ai plus le droit d'entrer, lors même que tu es malade.

Oh ! sous un masque d'inconséquence, il y a bien de l'intrigue, de l'inconvenance, du défaut de pudeur, dans cette personne qui manque de sentiments religieux, et sans eux la vertu des femmes n'est qu'un sable mouvant. Cette personne, contenue, aurait pu faire une gouvernante très bonne pour l'instruction des enfants ; mais en avoir fait la mère de mes enfants ! vivante encore, me condamner à me voir remplacée ! Que Dieu te pardonne ; comme chrétienne je te pardonne : mais tu me fais trop souffrir, tu as brisé nos derniers liens. Il y a haine et mépris en toi pour moi. N'était-ce donc pas assez de m'avoir abandonnée, de t'être créé un intérieur, des joies, des occupations, des intérêts que j'ignorais ? fallait-il donc encore m'arracher mes enfants, me remplacer à mes propres yeux ? On m'a calomniée, car devant Dieu, je jure, que je n'ai jamais aimé que toi.

Oh ! si je n'avais les tristes preuves que ton cœur est à jamais fermé pour moi, je tenterais un dernier effort, j'irai me jeter à tes pieds, te supplier au nom de ton père, de tes vieux jours, de nos enfants, de nos souvenirs d'amour, d'avoir pitié de celle qui n'a jamais cessé de t'aimer, qui voudrait encore te dévouer sa vie. Mais, je le sais maintenant, mes douleurs, mes souffrances te sont odieuses et ne te touchent pas.

Oh ! lorsqu'au moment de la mort de ton pauvre père, quoique tu susses bien que, mieux que d'autres, peut-être, je partageais et comprenais ta douleur, lorsque, dans ce cruel moment tu m'as évitée, repoussée, j'ai senti que tu m'aimais plus, car on n'aime pas ceux avec lesquels on ne désire pas pleurer. Et cependant, lorsque, quelques jours après, tu me parlais d'une nouvelle ère de bonheur, avec quelle ardeur je te bénissais, je te croyais ! Et maintenant depuis longtemps tu me sais malheureuse, souffrante

---

Susses, (from *savoir*), knew.

par l'effet des chagrins que me causent ton abandon et la perte de mes enfants, inquiète de Mme. S., dont la mort va me séparer pour tout à fait de vous, mes bien-aimés, eh bien ! tu me fuis, tu m'évites ; jamais un mot d'intérêt, de consolation, de distraction, d'espérance, d'affection.

Tu es triste, bien souffrant, je le vois, malheureux, péniblement occupé, et il ne m'est pas permis de jamais aller te porter mes soins, mon dévoûment, les consolations de la tendresse et de la sympathie la plus vive, tandis que d'autres ont usurpé tous mes droits !

Quelle vie, bon Dieu ! quel avenir ! avec un mari et des enfants, je dois vivre et mourir seule. Hélas ! Dieu seul peut amener un changement à notre existence par une espèce de miracle ; ta volonté ne suffit plus. Ta fierté ne se plierait jamais à revenir sur tout ce que tu as fait, à me donner une part dans ta vie. Tu n'oserais plus retirer à Mlle. D.* l'autorite absolue que tu lui as donnée sur les enfants et dans la maison, et sans cela je sens que toutes les

---

* *Mlle. de Luzy Desportes,* institutrice des filles de M. le duc de Praslin.

Plierait, would bend—*revenir,* to retract.

promesses que je ferais seraient vaines de me croire contente et heureuse.

Non, j'en suis certaine, tu ne te fais pas une juste idée de mes chagrins, de leur amertume, de leur profondeur ; la haine la plus féroce ne les infligerait pas lorsqu'il te serait si facile de les changer. Tu m'en veux, je le conçois, de te parler avec tant d'aigreur, d'emportement de ceux qui m'ont fait tant de mal. Je me le reproche souvent, mais ce sont des cris qu'arrache la douleur à mon cœur. Va, si ma vie n'était pas bouleversée par le succès de leurs menées, je n'aurais même par la pensée de leur en vouloir, ni d'y songer. Un jour viendra où nous serons pour toujours séparés en cette vie, et nos dernières années se seront donc passées dans l'isolement et la rancune. Oh ! qu'après moi du moins tu ne maudisses pas ma mémoire !

Théobald, je t'ai toujours aimé, je n'ai jamais aimé que toi, je t'aime encore, je souffre, mais je t'aime encore. J'ai voulu être ta compagne, ton amie de tous les instants, partager toutes tes douleurs, tes occupa-

---

Tu m'en veux, thou art spiteful to me—*menées*, machinations.

tions, tes intérêts, tes plaisirs, m'occuper avec toi de nos chers enfants. Voilà comme je comprenais le mariage, l'amour, l'amitié. Hélas ! se peut-il donc que tu m'aimerais mieux si je préférais cette vie vide de tous devoirs que tu m'as faite, si je préférais le monde à mon mari et à mes enfants ?

Mon bien-aimé, je ne comprends pas ce que tu me voulais ; car enfin tu m'as sacrifiée à ton goût pour l'indépendance et la vie de garçon la plus enveloppée de mystères ; tu m'as ôté les enfants, tu m'as remplacée près d'eux et de toi, tu m'as annulée dans ta maison, tu m'as réduite à la vie d'une femme séparée, sans enfants, et cependant tu n'es pas heureux, cela se voit facilement. Tu refuses la vie d'intérieur, d'intimité et de monde ensemble que je te demandais ; tu en as arrangé une complètement malgré mes prières, entièrement d'après ta volonté. Que voulais-tu donc ? je m'y perds, puisque tu n'es pas content. Que je fusse gaie, contente ainsi ? Théobald ! je serais méprisable si cela était possible. Que Dieu t'ouvre les yeux et te bénisse, mon bien-aimé toujours, car tout le bonheur que j'ai eu en ce monde m'est venu par toi !

LETTRE VI.

---

25 janvier 1842.

Jusqu'a cette année je pouvais compter tous les soirs, à quelque heure que tu rentrasses, que tu viendrais me voir ; j'avais même l'autorisation d'aller chez toi à toute heure. Maintenant, je ne dois me permettre d'aller te chercher ; tu passes presque toutes les soirées dans ton appartement ; j'ignore si c'est seul ; on y porte le thé, et je ne te vois plus. Ah ! mon cher Théobald, sont-ce donc là tes promesses ? Tu m'avais dit : "Si tu ne viens jamais chez moi, je serai sans cesse chez toi, et par la suite je te permettrai de venir chez moi, puis nous ne nous quitterons plus." J'ai tenu ma promesse ; mais toi...... ! Ne me demande rien de ce que je fais, et je te dirai tout.

Voilà des années que j'ignore ta vie et tes relations, et que je ne t'ai fait une seule question ni que je ne fais aucune démarche pour m'assurer de ce qui m'intéresse tant ; et tu n'as jamais été touché de ma confiance et de ma discrétion, tu te m'as jamais daigné rassurer et éclairer.

Tu m'avais dit: "Laisse-moi gouverner seul les enfants, et je t'entretiendrai de tout ce qui les concerne, je te consulterai, et me tiendrai vis-à-vis des gouvernantes dans l'attitude la plus convenable."

Ah ! combien tu es loin d'avoir tenu ces dernières promesses ! La mort vient à pas lents, mais elle arrive. Si tu savais combien je suis brisée, usée par la douleur ! Tu ne le crois pas, je le sais. Oh ! j'en suis certaine, tu ne serais pas si dur, si tu savais combien je suis profondément malheureuse. Moi qui n'aurais pas dû avoir d'autre appartement que le tien, je ne puis aller te prier, te supplier d'avoir pitié de ma triste vie ; pendant que je pleure, que je me désole, tu prends peut-être gaîment le thé avec celle à qui tu as donné mes enfants.

Se désoler, to grieve.

Hélas ! mon Dieu ! tu m'en veux d'être soupçonneuse, et peut-on ne pas l'être avec ton habitude de mystères, ton mépris de toutes les convenances et bienséances ? Tu me reproches de ne pas être amusante et gaie ! Quoi ! je n'ai plus de mari et d'enfants, je vois ma place prise près d'eux, et je pourrais rire, plaisanter ! Il faut que je passe toute ma vie isolée, loin de tout ce que j'aime, sans avoir un plaisir, une distraction, une occupation en commun avec eux, et il faudrait que je pusse, quand je les rencontre, faire des quolibets et des calembours pour les faire rire !

Mais j'ai une âme, et cette âme, froissée dans toutes ses affections, souffre cruellement. Qu'est-ce que le luxe, l'indépendance, toutes ces vaines choses ? Ce qu'il me faut, c'est mon mari, mes enfants, leur affection, leur présence, leur confiance ; et que me fait le reste ? J'aimais la toilette quand je sortais avec toi, le spectacle quand j'y allais avec toi. Le monde me plaisait aussi, j'aimais le luxe, les porcelaines, les curiosités, quand nous vivions ensemble

---

Tu m'en veux, thou art angry with me—*convenances*, propriety—*bienséances*, decency—*quolibets*, jokes—*froissée*, hurt, wounded.

à la maison ; je tenais à la bonne chère quand nous mangions ensemble. Tout cela, loin de toi, m'est indifférent, me pèse ; maintenant tu le crois bien.

Le monde et la solitude me plaisent tour à tour avec vous, mes bien-aimés ; mais, dans mon isolement, tout est souffrance. Si tu savais ce que je souffre, quand je vois des femmes avec leurs maris, des mères avec leurs enfants ; quand elles me parlent de leur intérieur, quand elles me font mille questions qui semblent naturelles sur mon mari et mes enfants ! Tu me dis de me former des liens dehors, des amitiés ; et de quel droit, moi, repoussée comme indigne loin de mon mari et de mes enfants, irais-je demander l'amitié de personnes qui vivent au milieu d'un cercle de devoirs et d'affections naturelles et légitimes ?

Il faudrais donc me plaindre, avoir recours à leur pitié, sans quoi l'on me dira : " Que venez-vous chercher, quand vous avez un mari et neuf enfants ? " Car, en me repoussant en dehors de la famille, je ne puis supposer que tu veuilles que je m'attache à des

---

Former des liens, to make friends.

affections qui, pour me consoler, me perdraient. Quand on me parle de toi et des enfants, je souffre comme un aveugle à qui l'on aurait crevé les yeux et auquel on viendrait parler de la lumière et des beautés de la nature.

Cher bon Théobald, ne me maudis pas quand je serai morte, car je vous aimais bien tous, mes pauvres chers bien-aimés ; que Dieu vous bénisse ! Hélas ! si tu avais eu plus de principes religieux, notre vie eût été tout autre. J'aurais été bien moins jalouse. Faudra-t-il donc que je meure pour que tu me pardonnes ? Tout bonheur est-il donc fini en ce monde pour moi ? Ton cœur ne s'épanchera donc plus, ton amie, ta femme, ta compagne de tous les moments, la mère de tes enfants ?

Il faut les chasser, ces douces illusions d'espérance ; tu ne peux plus changer ; tu n'y consentirais pas, et je ne saurais être heureuse sans un changement total.

Que Dieu te bénisse et t'apprenne à l'aimer, le connaître et le servir !

LETTRE VII.

28 janvier.

HIER soir, tu m'as comblé de caresses, à ma grande surprise, je dois l'avouer; tu m'as fait les plus tendres, les plus douces promesses. Ce soir, je t'ai tourmenté pour que tu allasses te distraire au spectacle; tu m'as dit qu'il était trop tard; puis, tu allais prendre une petite voiture pour sortir tous les soirs, comme si nous n'en avions pas une à tes ordres; tu as l'air de craindre que je sache où tu vas; et dans le fait quel monde fréquentes-tu donc? quels hommes, quelles femmes vois-tu donc?

Tu viens de sortir à pied à dix heures: chez quelle espèce de relations peut-on aller à cette heure-là, à pied, encore crotté du retour de la Chambre, et

Distraire, to amuse, divert one's mind from serious thoughts—*crotté*, dirty—*Chambre*, Parliament.

lorsqu'on n'a ni sa mère, si ses sœurs, ni son père à Paris? Tu m'en veux de mon humeur inégale; mais si tu te mettais à ma place, tu comprendrais bien vîte ce que c'est que cette vie de doute, de soupçon; et qui donc n'en aurait pas au milieu de tous ce qui entoure ta vie? Mon bien cher Théobald, ce n'est pas vivre, je t'assure. Faudra-t-il donc rester toujours dans cette ignorance complète de tout ce qui te concerne?

Si comme tu me l'assures souvent, tu préférais vivre dans ton intérieur en parfaite confiance et intimité avec ta femme, pourquoi prendre des habitudes qui, tu dois le sentir, rendent une union impossible? Car enfin, mon cher Théobald, qu'est-ce que la position d'une femme à laquelle on a ôté ses enfants, et qui, depuis des années, voit son mari passer sa vie hors de chez lui, sans avoir la moindre idée de son genre de vie, ni des personnes qu'il fréquente, et qui évidemment ne sont pas des personnes de sa famille ni de la société de sa position sociale? Pendant quelque temps, j'ai espéré que tu allais à un Cercle mais il paraît que non, puisque,

---

1. *Cercle,* club, gaming-house.

sans le chercher, une chose ou l'autre me l'aurait appris depuis longtemps.

Quand j'entends sans cesse parler de petits appartements loués mystérieusement, je n'ai que trop de motifs de craindre que ce ne soit ainsi que tu te sois casé; mais ce ne peut être pour y vivre seul.

Quand tu verras ces lignes, Théobald, tu sauras que j'ai bien souffert! mais à quel point! oh! tu n'en auras jamais l'idée juste; si cela était, tu comprendrais bientôt l'aigreur et l'irascibilité de mon humeur. Cependant je ne puis jamais me figurer que les pénibles idées, et qui sont les plus faciles à croire, sur ta manière de vivre, soient vraies.

Je t'aime parce que je te crois au-dessus des autres par la noblesse et la délicatesse de tes sentiments, et cette pensée m'empêche de croire ce qui semblerait plus probable dans un autre.

Loués, hired—*casé,* located—*aigreur,* harshness—*irascibilité,* irritability.

LETTRE VIII.

---

23 avril 1842.

Il y a bien longtemps que je n'ai écrit, et ma position a bien empiré depuis ; tu me parais avoir changé et rompu tes habitudes extérieures.

Mlle. D. règne sans partage. On n'a jamais vu par la forme une position de gouvernante plus scandaleuse ; et, crois-moi, c'est un grand malheur, un grand mal même, car toutes ces habitudes si intimes, si familières avec toi, cette autorité sur toute la maison, montrent que c'est une personne qui se croit le droit de se mettre au-dessus de toutes les bienséances.

Chez elle tout cela est vanité, goût d'empire et de domination et de plaisir ; songe qu'une intimité fraternelle, je le crois, est d'une haute inconvenance

---

Sans partage, undividedly,—*inconvenance*, impropriety.

dans sa position vis-à-vis de toi et à vos âges. Quel exemple à donner à des jeunes personnes, que de leur montrer qu'on croit tout simple à vingt-huit ans d'aller et de venir à toute heure, en tout costume, dans la chambre d'un homme de trente-sept ans ; de le recevoir en robe de chambre chez soi, de se ménager des tête-à-tête, des soirées entières, de se commander des ameublements, de demander des voyages, des parties de plaisir, etc.! Elle a rompu avec ses amies afin de se donner un relief plus grand et d'accaparer davantage ta société ; elle trouve toujours moyen de se débarrasser des enfants. N'a-t-elle pas eu le front de me dire? "*Je regrette, madame, qu'il ne me soit pas possible de servir de médiateur entre vous et M. de Praslin ; mais, dans votre intérêt, je vous engage à faire attention à votre manière d'être avec moi.*"

"Je conçois qu'il vous soit pénible d'être séparée de vos enfants ; mais d'après la résolution positive de M. de Praslin à cet égard, je sens qu'il faut qu'il ait des raisons trop graves pour avoir pris un semblable

---

Tout simple, perfectly right—*ameublemeuts*, furniture—*relief*, consequence—*accaparer*, to monopolize—*front*, impertinence.

parti, pour qu'il ne me soit pas un devoir important de m'y conformer."

Est-il possible que ta femme, qui a toujours été pure, qui n'a jamais aimé que tes enfants et toi surtout, soit contrainte à s'entendre ainsi insulter par celle que tu charges d'élever ses enfants, et que tu connais à peine depuis quelques mois, et dont tu m'avais dit du mal dans les premiers mois? Tu crains que je ne corrompe mes enfants, et c'est dans les mains d'une personne qui se moque de toutes les bienséances, qui les foule aux pieds, qui regarde comme des superstitions toutes les pratiques religieuses, que tu abandonnes tes enfants! Tu me méprises à un point tel, que je n'ose répéter tes expressions pour me le dire, parce que je blâme l'inconséquence de ses manières, de son arrogance.

Il serait donc mieux d'approuver ce qui est blâmable pour obtenir qu'elle te permette d'être mieux pour moi; c'est bien alors que je serais méprisable d'acheter un plaisir, du bonheur même par une lâcheté.

Tu es dans un état d'irritation que tu ne veux pas m'écouter et que tu ne me comprends pas. Je ne te dis pas, comme tu parais toujours l'entendre, que Mlle. D. soit *préférée à moi* dans toute la force de l'expression ; cette supposition, à cause de tes enfants, te révolte, et tu ne vois pas qu'aux yeux de tous, ses relations avec toi, son empire absolu dans la maison, mon isolement, sont établis comme si elle l'était ouvertement. Tu conclus, sur des apparences bien moins grandes souvent, que les autres ont des liaisons criminelles.

Ne comprends-tu donc pas ma douleur de voir mes enfants arrachés de leur-mère, pour être abandonnés complètement à une personne qui ne comprend pas que la bonne conduite et la vertu ont des formes extérieures qui ne doivent jamais adopter celles du vice?

Comment ne pas me désoler de les voir aux mains d'une personne qui *m'avoue son mépris pour moi* par ce que j'ai répété plus haut, et qui établit son empire en me faisant haïr et mépriser de toi? Tu m'as toujours dit: quand on a des soupçons, il faut les éclaircir; mais ne vois-tu pas tous les jours

---

Liaisons, &c. too familiar an intimacy.

qu elle s'empare davantage de ta présence, et qu'elle use de son empire pour nous brouiller davantage? Mlle. D... pouvait être une très bonne institutrice, mais il fallait qu'elle fût guidée, dirigée, mais non par un jeune homme, parce qu'elle est légère, inconséquente, coquette et dominante.

"Mon fils, lorsque vous vous engagerez au service de Dieu, préparez votre âme à la tentation et à l'épreuve, et demeurez ferme dans la justice et dans la crainte du Seigneur; tenez votre âme humiliée, et attendez dans la patience; prêtez l'oreille aux paroles de la sagesse, et ne perdez pas courage au moment de l'épreuve; souffrez avec patience l'attente et les retards de Dieu.

"Demeurez uni à Dieu, et ne vous lassez pas d'attendre; acceptez de bon cœur tout ce qui vous arrivera; demeurez en paix dans votre douleur, et, au temps de votre humiliation, conservez la patience, car l'or et l'argent s'épurent par le feu, mais les hommes que Dieu veut recevoir au nombre des siens, il les éprouve dans le creuset des humiliations

---

Inconséquente, thoughtless, foolish.

et de la douleur. Ayez donc confiance en Dieu, et il vous tirera de tous vos maux ; espérez en lui, conservez sa crainte et vieillissez dans son amour."—(Chap. II de l'*Ecclésiaste.*)

Gardez le silence dans les peines de la vie, souffrir et se taire, telle est la manière de mettre à profit les sages conseils de ces consolantes paroles. Que de motifs pour adopter ce parti ! Il est si rare, lorsqu'on parle le cœur plein, de ne pas en trop dire et d'envenimer ainsi ses peines !

En se taisant, on est sûr de plaire à Dieu et de ne pas aggraver sa position près des hommes, si même on ne l'améliore pas. Tous les calculs, même humains, doivent donc nous décider à adopter ce parti. Mais cet empire sur nous-mêmes ne peut nous venir que de Dieu ; prions-le donc pour l'obtenir avec la confiance qu'il doit un jour céder à nos instances.

Celui qui a dit : "Apprenez de moi que je suis doux et humble de cœur," ne nous refusera pas les moyens de suivre ce précepte. Le silence absolu dans les circonstances que les autres savent vous être pénibles peut être aussi improbateur que les reproches ; il n'est donc pas une lacheté, et conserve mieux la dignité de la personne froissée que les emportements. Il est bien plus facile de se taire que de ne dire que juste ce qu'il faut.

Le bonheur, en ce monde, consiste dans les affections que nous inspirons ; souvenons-nous donc qu'il a été dit : " Bien heureux ceux qui seront doux, car ils posséderont la terre ;" et prenons courage en nous rappelant qu'il a été dit aussi :

" Frappez, on vous ouvrira.

" Demandez, on vous donnera.

" Bienheureux ceux qui pleurent, car ils seront consolés."

Ces réflexions, que j'avais écrites hier sur une feuille volante, sont curieuses à copier pour moi, et prouvent dans son étendue l'excès de ma maladresse. La meilleure arme, si je la prends dans ma main, se retourne pour me blesser. Aujourd'hui, me sentant révoltée de te retrouver encore sortant tête-à-tête avec Mlle. D., j'ai cru faire un coup de maître en m'enfuyant sans rien dire, pensant par là éviter aucune scène ni aucune aigreur, et marquer mon improbation doucement sans rien risquer.

Feuille volante, slip of paper.

Bon Dieu ! que j'étais loin de soupçonner l'affreuse fureur dans laquelle t'a mis ma malencontreuse douceur ! Certes aucune violence n'aurait pu te pousser plus loin que de me poursuivre dans les escaliers, à haute voix, d'injures et avec des gestes insultant, et venir ensuite briser chez moi, après avoir été te recueillir chez toi quelques minutes, mon vase de Saxe, mon aiguière de vermeil, ou plutôt celle d'Horace, et m'enlever deux cadeaux auxquels je tenais tant : tu me les avais donnés lorsque je croyais que tu m'aimais tant, mon petit plateau rose et mes petits vases d'émail. Pourvu que tu ne les aies pas donnés à elle ou à une autre !

L'autre jour, pour me punir de ma violence d'avoir voulu entrer à toute force chez toi, où elle entre tant qu'elle veut, tu es venu briser toutes mes ombrelles ; aujourd'hui, parce que je fuis en silence pour éviter une scène, tu brises mes objets les plus précieux, tu me voles les souvenirs d'un amour qui a été tout mon bonheur. Tu m'as déjà fait brûler les lettres, témoignage et seuls restes de cette tendresse ; tu m'as

---

Aiguière, china-jug—*vermeil*, silver gilt—*plateau rose*, pink waiter, chrystal or china—*émail*, enamel.

arraché mes enfants ; tu m'as condamnée à toutes les douleurs pour la vie présente, sans me laisser d'espoir pour un meilleur avenir, et tu m'ôtes mon passé.

Oh ! mon Dieu, je l'aimais trop, vous avez voulu me punir, vous avez frappé juste ; je pouvais tout perdre avec courage, avec résignation, avec joie, tant que son affection et celle de ses enfants me restaient, maintenant je n'ai plus leur estime. Dans l'amertume de ma douleur, je sens la preuve de votre amour pour moi par la grandeur de l'épreuve ; je sens au fond de mon cœur que chaque nouvelle douleur et une nouvelle promesse, ô mon Dieu ! de leur être réunie un jour dans votre sein. Frappez, frappez, mon Dieu, et daigner exaucer ma prière ; donnez-moi la force en ce monde de supporter comme il vous plaira tout ce qu'il vous plaira !

Souvent, je me demande s'il l'aime au fond du cœur, s'il a de l'attrait pour elle,.ou si c'est simplement pour les enfants, dans des idées mal entendues, qu'il établit avec elle les choses sur un pied si inconvenant. Je ne puis m'empêcher de croire, au fond, que, de sa part, il y a beaucoup de taquinerie dans

---

Taquinerie, teazing spirit.

toute cette manière d'être.... Quelles étaient ses habitudes, ses liaisons? de quel genre étaient-elle depuis quatre ans? est-ce pour elle qu'il y a renoncé? Souvent, dans ce moment même, (il est une heure et demie du matin), je ne puis m'empêcher de me figurer qu'elle est peut-être dans sa chambre à bavarder avec lui, par mépris des couvenances.

Comment ne comprend-il pas qu'il y a bien des choses qui sont aussi pénibles à l'affection? Tout n'est pas concentré dans une seule action animale, dans les peines du cœur. Je suis convaincue que, si nous étions séparés, il sentirait bientôt la nécessité d'observer strictement les bienséances avec la gouvernante de ses filles. Est-il donc vrai, mon Dieu! qu'il me méprise, qu'il ne m'aime plus du tout? Quelquefois, il me prend des doutes: je me figure que tout cela est peut-être un plan arrêté dans l'intention de me corriger.

Mais, en réfléchissant, il faut bien se rappeler cependant que depuis près de cinq ans, tous les jours il rompt davantage avec moi, que je ne suis plus rien pour lui, qu'il m'a ôté mes droits de mère, de maîtresse de maison, que dans toutes circonstances ma place est prise et donnée par lui. Est-ce un leurre qu'il me donnait tous ces temps-ci, que de me dire que si je voulais supporter toutes les dures privations qui me sont imposées, sans pousser une plainte, il me rendrait tout ce que je désire? Se figure-t-il vraiment qu'il le pourrait, s'il le voulait? Le désire-t-il? je le crois souvent. Le pourrait-il? j'en doute fort.

Mlle. D.... lui mettrait le marché à la main, il n'oserait opter pour moi ; et je le comprends, elle a des avantages réels comme institutrice ; il la croit bien supérieure encore à ce qu'elle est ; il me verrait soumise, il me croirait contente ; il penserait que cela ne vaut pas la peine de changer, puisque le pli serait pris, et qu'au fond il n'est que trop certain qu'il a très mauvaise opinion de moi.

J'ai de très grands défauts : j'en souffre trop pour ne pas le savoir, mais je suis convaincue qu'il me croit des vices que je n'ai pas. Ce matin, en causant, Mme de Delomieu, avant cette scène affreuse, a imaginé de me dire : "Votre mari a un très-tendre et entier dévoûment pour vous, n'est-ce pas?" J'ai

---

Mettre le marché, &c. to threaten, intimidate—*opter*, to vote, incline for, lean towards.

louvoyé ; je n'ai pu prendre sur moi de dire une chose que je ne pense plus, je le vois bien, puisque je n'ose plus m'en glorifier. Ah ! il ne m'aime plus ! mais, mon Dieu ! vous, à qui j'ai dit : "Otez-moi, s'il le faut, son amour, cette joie unique de ma vie, cette vie de mon cœur, mais qu'il soit sauvé ! que nous soyons un jour réunis avec nos enfants dans votre sein pour prix de ce sacrifice." Oh ! dites-moi, mon Dieu, qu'il m'aimera un jour, quand il le saura, qu'il ne maudira pas ma mémoire, et que ma prière sera exaucée !

Il me paraît si singulier de le voir maintenant se livrer à ces violents accès de colère, dont les miens n'ont jamais approché, que je ne puis m'empêcher de penser souvent que cette violence est une feinte, d'autant qu'ordinairement il ne vient briser qu'après réflexion. Dieu veuille que ce soit cela ? car s'il tient assez à me corriger pour acheter ma guérison au prix des extravagances qu'il commet d'un air presque de sang-froid, alors, alors, oh ! il m'aime

---

Louvoyer, to beat about, to evade—*se livrer,* to indulge—*accès,* fits—*approché,* been like, or come near to—*feinte,* a blind—*s'il tient à,* if he be desirous to.

encore ! Cependant, quelles horribles expressions de mépris ! cela n'était pas de la colère feinte.

Oui ; mais l'autre jour ne m'a-t-il pas dit, devant Berthe, en me jetant tout ce qu'il était venu briser en mon absence, qu'il en ferait autant chaque fois que je briserais quelque chose chez lui ? Calcul assez singulier, puisque je n'avais rien cassé dans l'intention de casser ; j'avais seulement voulu ouvrir violemment la porte de sa chambre au moment où il poussait le verrou. Depuis, il m'a dit de sang-froid qu'il recommencerait chaque fois que cela m'arriverait. C'est donc un plan, un parti pris, un calcul fait d'avance ? Comment le prendre alors pour l'effet d'une colère réelle ?

Aujourd'hui cependant je n'avais rien dit, ni rien cassé ; franchement, c'est payer bien cher une marque silencieuse d'improbation. Je ne puis m'empêcher de croire qu'il en coûte à Théobald pour faire de semblables folies que de briser, comme un enfant mal élevé, ce qui m'appartient : c'est si peu dans son caractère ! Il croit me punir beaucoup, et j'avoue

---

Briser, to break, viz. smash—*verrou*, bolt—*parti pris*, a fixed resolution, a set determination—*élevé*, bred

que je souffre beaucoup de lui voir faire une action que je trouve ridicule, si elle n'est pas admirable par l'intention de me corriger. Mais il ne sait pas à quel point les objets matériels par eux-mêmes me sont devenus indifférents depuis que j'ai perdu son affection et l'espoir de l'attirer chez moi : car je n'ai jamais tenu aux objets les plus précieux que dans l'idée d'en orner les lieux où il était.

Il n'a pas une idée de l'amour que j'avais pour lui ; au fond du cœur, je sens très bien que, pour peu qu'il voulût revenir à moi, je l'aimerais autant, plus même peut-être. Je souffre tant de mon isolement ! je serais si heureuse de le voir cesser ! Que la volonté de Dieu se fasse ! Je ne puis m'expliquer comment les choses s'arrangeront ; je ne saurais m'empêcher de penser qu'il vaudrait mieux une séparation. Les choses s'enveniment. Je veux son bonheur. Ainsi que sa vie est arrangée, au lieu d'y contribuer, je l'ai détruit, et je souffre mille martyres.

Si j'allais, sous prétexte des bains de mer, au *Prétot* toute seule, il aurait le temps de voir si

---

Pour peu, ever so little—*Prétot*, country-seat.

réellement il est plus heureux avec la vie qu'il s'est arrangée avec les enfants, sans m'avoir pour femme, ou s'il trouverait plus agréable de recommencer ensemble une nouvelle vie. Trois mois pourraient suffire à cette expérience, et je me résignerais avec plus de facilité à vivre toujours seule là bas qu'ici, dans la position où je suis. Je sais que, d'après la manière dont les choses sont arrangées, mon absence serait un soulagement et non une privation.

LETTRE IX.

1er mai 1842.

Il est évident que Théobald me fait des avances très grandes pour lui ; il m'a montré même de la véritable tendresse et un désir réel de changer notre manière de vivre. Mais veut-il vraiment, comme il me le dit, adopter, si je m'y prête (ce sont ses expressions), une vie tout-à-fait intime, et me rendre une position naturelle comme femme et comme mère ? Nous entendons-nous à cet égard ?

Comprend-il très positivement que je ne puis pas être heureuse sans avoir sa confiance illimitée, ni me contenter, à moins de rentrer en possession de ma place de maîtresse de maison, et surtout de surveillance et de direction de mes enfants ? Admettra-t-il jamais cela ? osera-t-il jamais le signifier à Mlle.

Si je m'y prête, if I be agreeable

D...? J'en doute... ; car elle lui mettra le marché à la main... : "Optez entre elle et moi... :" elle l'emportera.

Mes défauts et les qualités de Mlle. D..., il les regarde à la fois avec le même verre grossissant, je crains qu'il ne se fasse une complète illusion, qu'il ne s'imagine que, lorsque je serai adoucie, son affection, son rapprochement ne me suffisent, et que j'abandonne de bonne grâce tous mes droits de femme et de mère ; mais il se trompe, car c'est pour moi un devoir positif et grave, autant que doux et désirable, de rentrer vis-à-vis de mes enfants dans mes droits. Dans cette circonstance, mes droits sont des devoirs, et des devoirs sacrés.

Il a malheureusement les idées les plus fausses et les plus dangereuses sur les relations qu'il doit avoir avec les gouvernantes et sur leur position dans une maison. Il oublie que rien dans les relations, la position et la conduite d'une gouvernante ne doit pouvoir donner lieu même à une fâcheuse interprétation ; il se fie trop à la pureté de ses intentions. Les fautes consistent dans les mauvaises actions.

Mettra le marché, &c., will oppose herself—*verre, &c.*, magnifying glass—*relations*, terms.

Mais le scandale naît de l'apparence, car on ne peut juger que sur ce qu'on voit ; et le scandale est un grand tort, surtout dans cette question si délicate d'un homme de son âge avec une si jeune gouvernante, et qui est naturellement, par caractère, légère, inconséquente, familière, impertinente, sans tact et sans un fonds solide de piété, et dominante. Il traite les gouvernantes comme certaines gens les nourrices ; il les gâte jusqu'à ce qu'elles deviennent odieuses.

Avec tout cela, il ne m'a pas rendu les porcelaines qu'il m'a prises : qu'en a-t-il fait ? les a-t-il toujours ? au fond, je le crois ; me les rendra-t-il ? il y a un monde de *si* là dessous. Il m'a dit un mot de regret sur ce qu'il m'a cassé ; il sourit quand je lui en parle. J'ai bien envie de croire qu'il y avait de la feinte colère un peu là dedans. Il est bien évident qu'il aurait envie de nous reconcilier. Jamais je n'ai si bien cru à sa bonne volonté à cet égard. Le laissera-t-on faire ?

Je crains bien qu'il ne soit poussé à faire encore

Nourrices, nurses—*porcelaines*, china-vases—*un monde de* SI, a multiplicity of doubts, of ifs, &c.—*bien envie*, half inclined to—*feinte*, sham.

bien des choses contre lesquelles je ne sais pas me tenir dans un regret paisible. Je sens très bien que, malgré toute mon affection pour lui, je ne saurais être heureuse, si nous n'habitons pas d'une manière complète et irrévocable le même appartement, de façon à rentrer dans cette intimité qui amène naturellement et seule ces épanchements, cet abandon, cette confiance, cette vie à deux qui est le bonheur du mariage ; je ne saurais l'être non plus, si je ne partage pas tous ses soins pour mes enfants et leur société.

Mais, mon Dieu ! arrachez-moi, s'il le faut, tout ce qui est bonheur, l'affection de tous ceux que j'aime, et réunissez-nous un jour dans votre sein !

Sauvez-nous, mon Dieu ! donnez-nous le bonheur éternel, et faites de nous ce que vous voudrez en cette vie !

Mon Dieu ! c'est là, vous le savez, le fond de mon cœur ; je veux ce que vous voulez, mais donnez-moi la force et la résignation pour le supporter !

Abandon, unreservedness.

LETTRE X.

6 mai 1842.

Je me sens bien découragée, et c'est un double regret, puisque je sais que c'est mal de se laisser aller à l'abattement du désespoir. Le mot paraît fort; mais il faut être juste, qu'est-ce que le découragement, si ce n'est le triste résultat d'espérances souvent déçues qui finissent par s'éteindre? J'ai eu de grands torts dans ma vie, en dehors de ceux que Théobald me reproche, de violences, d'aigreur, de jalousie et de défaut d'ordre. Jusqu'à présent je m'étais complètement aveuglée; je croyais que là, se bornaient mes torts. Mais Dieu est juste: il m'a punie par où j'ai péché. Hélas! en aimant mon mari, je n'ai pas assez compris qu'en laissant prendre trop d'empire à ce sentiment si juste, je pouvais

Se bornaient, did not extend.

arriver à un excès condamnable. En me livrant à cette passion, je suis devenue égoïste, je n'ai songé qu'à satisfaire ce besoin de mon cœur. J'ai oublié qu'il est des devoirs qui conservent en toute position leurs droits sacrés. Souvent, longtemps j'ai sacrifié ma conscience, mes devoirs religieux, mes enfants, au désir de ne pas quitter Théobald, de m'assurer à tout prix sa tendresse.

Plus les sacrifices me coûtaient, plus j'en sentais l'importance, plus j'étais empressée à les faire ; et maintenant, il croit que je n'ai renoncé à une partie de mes droits, de mes devoirs vis-à-vis de mes enfants, que par insouciance, et il me les a retirés tout à fait ; et moi qui croyais m'assurer son retour parce que je lui faisais le plus immense sacrifice ! Hélas ! je sentais bien autrefois que je remplissais mollement mes devoirs maternels, mais je ne pensais qu'à lui, et j'étais toujours mal portante ou au lit, et maintenant, je n'ai plus rien, ni mari, ni enfants ; et cela est juste, mais bien dur de sa part.

Oh ! mon Dieu, pardonnez-moi ; mais il a pensé

Egoïste, selfish—*insouciance*, indifference—*mollement*, carelessly.

que celle qui, par un intérêt personel, avait renoncé à ses enfants n'en était plus digne. Tu te trompes, tu te trompes cependant ; j'ai eu tort, mais je ne suis pas si coupable, car, par tous ces sacrifices, j'espérais amener une réconciliation aussi utile et heureuse pour les enfants que pour moi. J'ai été coupable, mais une partie de ma faute vient d'une erreur : j'ai mal interprété mon devoir. J'ai cru, entrainée par mon cœur, que tu devais non seulement passer avant tout, mais par dessus tout. Je confondais trop les enfants avec le père.

Oh ! mon Dieu, je t'aimais tant... ! Et tu m'as repoussée, méprisée, rejetée en dehors de mes enfants : tu m'as condamnée à leur mépris ; car, par la position dans laquelle tu m'établis vis-à-vis d'eux, ils ne peuvent se rien expliquer, m'accusant d'immoralité ou de défaut d'affection pour eux. Si tu m'avais crue coupable, tu aurais compris qu'aux yeux de tous et surtout à ceux de mes enfants et de celle qui les élève, il fallait à tout prix me faire respecter, cacher mes fautes.

Avilie par l'adultère, tu m'aurais relevée, soutenue,

Avilie, &c., had I been guilty, &c.

tu m'aurais fait respecter ; j'aurais pu être aimée de mes enfants ; coupable de t'avoir trop aimé, je suis condamnée à l'isolement, je n'aurai ni l'estime, ni la tendresse de mes enfants. Je suis livrée aux suppositions injurieuses de celle qui m'a remplacée près d'eux, et qui se conduit sans délicatesse, je dois même le dire, avec immoralité ; car il est immoral de se mettre à la place d'une femme, d'une mère, pour ne pas quitter un homme de ton âge, et chercher toutes les occasions d'assurer cet empire par les manières les plus inconvenantes, les rapports les plus mal placés, par leur fréquence, leur familiarité et leur intimité ; une personne sans religion, qu'aucun frein n'arrête, qui fait la timide avec les autres pour s'assurer peut-être des tête-a-tête avec toi.

Pardonnez à Théobald, ô mon Dieu ! car il ne sait ce qu'il fait, et sauvez-les.

LETTRE XI.

9 mai 1842.

Les jours se succèdent, et, en s'écoulant, m'enlèvent chaque jour une de mes dernières lointaines espérances. Théobald est évidemment trop dominé pour que je puisse désormais rien attendre de sa justice ; il voit tout maintenant à travers un faux jour. Je n'ai, hélas ! que trop de preuves réelles et certaines qu'il n'y a plus aucun reste de sentiments affectueux en son cœur pour moi ; mais j'avais certainement des droits à quelques égards, à son estime, à sa justice. Rien ne l'excuse de m'avoir ôté mes enfants. Avilie, déshonorée, il m'arrache tous les intérêts, toutes les occupations, tous les devoirs, tous les liens. Il semblerait qu'il prend à tâche de me pousser au mal.

Jour, light—*prend tâche,* he endeavours to—*pousser,* lead on.

Je conçois qu'on lui répéte que je ne suis plus assez jeune, que je suis trop laide, trop ridicule, trop ennuyeuse pour se réconcilier avec moi, ou pour que je trouve les occasions de me mal conduire. Il se trompe : pour qui veut les chercher, elles ne manquent jamais. Cette sécurité sur mon compte ne vient certes pas de son estime pour moi ; car, s'il en avait, pourquoi m'arracherait-il mes enfants pour les donner à une personne telle que Mlle. D.... ?

Certes, si la morale, les principes et les manières de celle-là lui inspirent plus de sécurité qu'il n'en a en moi, il faut qu'il ait une bien mauvaise opinion de moi. Oh ! je suis aussi malheureuse que possible : les mots ne peuvent exprimer tout ce que je souffre. Quoi ! non-seulement je n'ai plus ni mari ni enfants, mais il faut encore que je les voie livrés à une personne comme Mlle. D.... ?

Vraiment, il y a aberration de la part de Théobald à ne pas comprendre à quel point est immorale et indélicate la personne qui chasse la mère de ses élèves pour s'emparer du père, des enfants, de la maison. Quelle triste influence s'exerce sur lui ! Comme il est changé, lui qui était si vrai ; sans cesse je le surprends faisant mille mensonges ; lui qui était si pur, il passe sa vie dans les sociétés les plus mystérieuses, les plus subalternes ; ses manières si sévères, si dignes, sont devenues familières, de mauvais goût ; son langage, qui était gracieux et qui sentait si bien la bonne compagnie, ne donne que trop l'idée des personnes avec lesquelles il passe sa vie. Ses idées sont devenues futiles ; il devient cassant, ironique, irritable, dédaigneux, ennuyé, violent, sans regret de l'avoir été. Non-seulement il ne m'a jamais exprimé un regret de tout ce qu'il m'a cassé par fureur, ni rendu ce qu'il m'a dérobé dans le même moment, mais il trouve tout cela tout naturel ; il en plaisante, il en ricane.

J'avoue que cela le fait baisser beaucoup dans mon opinion. Ne pas être vrai, ne pas tenir ses promesses, ne pas savoir reconnaître un tort, oh ! il faut être bien tombé ! Tu n'es plus toi, tu n'es plus celui que j'aimais.

Quoi ! tu es aveugle, dominé à ce point, que tu ne songes pas que, quoique tu ne m'aimes plus, tu as

---

Subalterne, low, inferior—*cassant*, fretful—*ricane*, laughs.

encore des devoirs vis-à-vis de moi ; que ces enfants, que j'ai passé les plus belles années de ma vie à mettre au monde, sans un mot de plainte j'ai, moi aussi, des droits sur eux ; qu'en me privant de ta tendresse, tu devais, au moins, partager avec moi la leur ; te souvenir qu'isolée de toi, tu devais au moins m'assurer des consolations, des distractions dans mes devoirs près de mes enfants, dans ton intérieur. Après avoir épuisé ma vie à renouveler ta race, à t'assurer les jouissances du cœur en t'entourant d'enfants, il faut que moi, leur pauvre mère, je sois repoussée comme un paria, méprisée par mes enfants, abandonnée par toi, foulée aux pieds par celle à qui tu donnes le prix de mon sang, les entrailles de mon cœur....

Non, non, ce n'est pas celui-là que j'aimais, mon Théobald, pour qui j'avais tant de vénération, en qui j'avais tant de confiance ; tu es entraîné, dominé, aveuglé ; non, tu n'es pas toi-même maintenant ; non, tu n'es pas dur à ce point de voir ma douleur, la destruction de mes facultés, de ma santé, depuis cinq ans, de sang froid, si tu n'étais pas empêché de te livrer à ton bon cœur. Tous les jours tu t'endurcis ; la nouvelle domination que tu subis t'aveugle et te pousse plus loin que tu ne crois.

Oh! mon agonie est lente et cruelle ; oh ! jamais, jamais tu ne sauras, te ne comprendras ce qu' a souffert cette pauvre Fanny qui t'aimait tant, qui aime tant ses enfants! Hélas ! il me semble que j'ai tant souffert que je cesse de t'aimer. Je ne t'en veux pas, je te pardonne ; je suis convaincue que ce n'est pas tout-à-fait ta faute : tu es trop faible ; mais j'ai tant souffert, je me suis fiée en toi si longtemps en vain.

Tu n'es plus pour moi *ce Théobald* que j'ai cru si longtemps le meilleur des hommes. Excepté pour moi, tu l'es encore ; mais combien tu es dur pour moi et injuste! Oui, j'ai besoin de me répéter sans cesse que tu n es plus toi ; mais cette excuse, je l'avoue, altère la haute considération que j'avais pour toi.

Peut-on être assez faible pour se laisser entraîner à rendre malheureuse, à ce point, une pauvre créature ? Pourquoi t'ai-je si longtemps regardé comme un être supérieur ? Puisqu'il te fallait une domination feminine, pourquoi n'ai-je pas essayé de prendre

---

Je ne t'en veux pas, I will not be angry with you—*dur*, cruel.

au moins de l'influence sur toi ? Tu serais aussi plus heureux ; car la vie que tu mènes ne doit pas être une jouissance sans quelques remords, en songeant aux supplices que tu me fais endurer. Et mes enfants, mes pauvres enfants, à qui on apprendra à ne compter leur mère pour rien, que comme un fardeau méprisable !

Oh ! c'est affreux ! Oh ! oui, j'ai été bien coupable en renonçant, dans l'espoir de te ramener, temporairement, à mes saints devoirs de mère.

Dieu m'a punie. Je me reproche tous les jours ma lâcheté de tolérer la position vraiment scandaleuse de Mlle. D.... ; car on ne peut juger que sur les apparences en ce monde, et elles sont ici aussi scandaleuses que possible.

Encore six mois, et si tout cela n'est pas changé, il faudra, sans plus tarder, que je me retire au *Prétot*.

Une fois partie, Théobald, moins irrité, verra lui-même bien des choses qu'il ne regarde pas en ce moment, et qui lui paraîtront bien fâcheuses, et il les changera.

LETTRE XII.

24 mai 1842.

Les jours s'écoulent, le temps se passe, la vie s'avance et mes espérances s'évanouissent à chaque instant. O mon Dieu ! donnez-moi du courage, de la douceur, de la résignation pour supporter les douleurs que vous m'envoyez..... A la suite d'un emportement, j'ai eu une longue explication avec Mlle. D..... J'en ai été beaucoup plus contente que je ne l'aurais supposé.

Je vois que ce n'est pas pour elle une condition *si ne quâ non* de n'avoir affaire qu'à toi. Je vois qu'elle resterait même si tout rentrait dans l'ordre ; cela m'a fait du bien. Je vois qu'elle n'a pas, comme je le craignais et comme je le lui ai avoué franche-

A la suite, after—*emportement*, fit of passion.

ment, l'horrible pensée de m'enlever mes enfants pour s'emparer entièrement d'eux. Elle m'a dit que tu lui avais dit et que tu répétais sans cesse aux enfants que ma santé me mettait hors d'état de m'en occuper.

Oh ! pourquoi ne m'as-tu pas dit toi-même que tu avais pris ce prétexte, qui empêchait les enfants de m'accuser et te donnait la possibilité du retour. Que de larmes, que de douleurs, que d'aigreur, que d'emportements tu m'aurais épargnés !

Mais quelle profonde aversion il faut que tu aies conçue pour moi pour continuer le genre de vie que nous menons ! Tu es le maître de tout ; tu es indépendant comme un célibataire ; je n'ai plus aucune part dans ta vie ; je ne vais plus chez toi, tu ne viens plus chez moi, nous ne sortons jamais ensemble ; je ne te fais aucune question ; je ne sais rien de ce qui te concerne depuis bien des années. Je ne suis plus qu'une étrangère dans ta maison, près de toi, près de nos enfants.

Hélas ! mon Dieu ! tous ces sacrifices, cette pénible

Epargnes, spared—*célibataire,* single man, bachelor.

vie à laquelle tu me condamnes depuis tant d'années, que j'ai subie avec tant d'affection, tant de discrétion à ne pas m'éclaircir de rien de ce qui me touche, tout cela n'est rien pour toi. Oui, je ne crains pas de le dire, tu aurais trouvé peu de femmes qui eussent résisté à de si longues et de si cruelles épreuves. Oh ! tu es dur pour moi, mon cher Théobald ; il y a des choses que je ne puis m'expliquer que par une profonde et insurmontable antipathie que tu as conçue pour moi. Sans cela, comment m'expliquer notre vie? Tu dis toi-même qu'elle est contre tes goûts, tes idées ; tu te révoltes quand je te soupçonne d'en aimer d'autres. Comment donc m'expliquer que rien ne rentre dans l'ordre naturel, si ce n'est par ton aversion ?

Certes, une femme dévouée comme je l'ai toujours été à mes devoirs, t'aimant comme je t'ai toujours aimé, te fût-elle complètement indifférente, oh ! tu es trop bon pour lui arracher ses enfants, pour la priver de la société, de l'intérêt de son mari, Oui, tu me détestes ; tout me le prouve. Lorsque j'ai eu

---

Tu te révoltes, thou art shocked at.

le *Vaudreuil*, j'en ai joui pour toi ; ta première pensée, lorsque tu as eu *Praslin*, a été de me prier *de ne pas* m'y regarder comme chez moi.

J'ai cru d'abord, comme tu me le disais, que c'était pour ta famille ; mais voilà un an, et ta femme n'est qu'une étrangère à *Praslin*, et tu lui fais sentir tous les jours qu'elle ne doit pas, non-seulement y commander, mais pas même s'y regarder comme chez elle ! Ma vie s'use rapidement ! Oh ! un jour tu comprendras ce qu' a souffert celle qui t'aimait tant.

Mon Dieu, pardonnez-lui, il ne sait pas tout le mal qu'il me fait. Hélas ! pourquoi me plaindre ? ce que je souffre devrait me prouver que vous exaucerez ma prière : je vous ai si souvent, ô mon Dieu, demandé de me retirer même sa tendresse, si cela était nécessaire pour assurer son salut.

Oh ! oui, mon Dieu, tout ce que vous voudrez ; mais sauvez-nous, et réunissez-nous avec vos enfants dans votre sein.

LETTRE XIII.

Praslin ce 22 mai 1842.

Tout est fini ! nous sommes brouillés sans retour. Oh ! il est plus que dur, il est cruel pour moi ! Comment a-t-il pu en arriver à cet excès d'aversion pour moi, dont il connaissait l'amour si pur, si tendre, si dévoué ? Quelles infâmes influences ont dû s'exercer sur son cœur autrefois si bon, si affectueux, si droit, si honnête ? Il s'excuse en se disant à lui-même certainement, comme à moi, que mon caractère est devenu odieux, difficile. Mais à qui la faute ? N'a-t-il pas froissé tous mes sentiments, tous mes principes ? Ne saisit-il pas toutes les occasions de me faire des choses pénibles et blessantes ? Jamais un mot d'intérêt ; il me sait malade par sa faute,

---

Nous sommes brouillés, we have fallen out—*sans retour*, for ever

par le chagrin qu'il me cause, par le traitement que j'ai suivi, par dévoûment pour lui l'année dernière ; il me sait profondément malheureuse ; tout cela lui est égal.

Théobald, combien tu me punis de t'avoir préféré à tout ! Hélas ! mon Dieu ! mon Dieu ! même sans m'aimer, ne pourrais-tu pas être meilleur pour la mère de tes enfants, pour celle qui n'avait jamais aimé que toi ? Oh ! oui, mon Dieu, je suis bien malheureuse ! Au lieu d'avoir pitié de mes chagrins, de la maladie nerveuse que j'ai, il semble prendre à tâche tout ce qui peut m'être douloureux et blessant, moi, dont toute la vie était suspendue à un de ses regards.

Oui, je suis folle, folle furieuse par moments ! mais c'est ta faute, Théobald ! tu étais ma vie, mon bonheur, le but de tous mes vœux, de mes pensées, de mes actions, Oh ! je t'aimais au-delà de tout ce qu'on peut imaginer ! tu m'as abandonnée ! ma vie est un supplice, une angoisse perpétuelle ! Mets-toi à ma place : si tous ceux que tu me préfères te

---

Prendre à tâche, to undertake, to harp upon.

chassaient, te repoussaient, t'accablaient de mépris, cherchaient à te pousser à bout, en foulant à leurs pieds toutes les joies de ta vie, toutes les affections, que ferais-tu? tu changerais peut-être de liens; mais si tu aimais bien, tu ne le pourrais, tu mourrais de douleur.

La chambre que j'habite me tue de douloureux souvenirs. La vue de ce perron par lequel je suis montée le jour de mon mariage, si pleine de joie, d'amour, d'espérances si confiante, tout ce côté du château que j'ai habité lorsque tu m'aimais, que tu ne me quittais pas, tout cela me rend folle, je ne sais ce que je dis, ce que je fais: tu m'as si maltraitée, depuis que tu es entré en possession de ton magnifique château! Ton premier mot a été de me dire de ne pas m'y croire chez moi. Il est vrai que tu me faisais de belles promesses d'avenir; mais comment les as-tu tenues?

Il semble que, depuis que tu es duc de Praslin et possesseur du château, je ne suis plus digne d'être ta femme. Depuis que tu ne veux plus avoir d'enfants,

---

Pousser à bout, to exasperate—*perron*, flight of stone-stairs.

tu te crois dégagé de tous sentiments affectueux, de tous soins, de tous égards. Mais moi, j'avais mis tout mon cœur, toutes mes espérances, tout mon bonheur dans notre union ; c'était l'histoire de ma vie. Je croyais que tous nos intérêts, nos pensées, notre vie, seraient mis en commun.

Oh ! comme je t'aimais ; comme je comptais sur toi ; chaque jour, je t'aimais plus ; il me semblait que le temps devait nous lier plus l'un à l'autre. Tant de souvenirs, tant de liens chéris, tant d'enfants ! il me semblait que nous n'étions qu' un ; que nous devions vivre et penser à deux. Loin, comme tant de femmes, de redouter la vieillesse, je jouissais d'avance du bonheur que nous aurions à nous être aimés depuis si longtemps, à causer ensemble de nos vieux souvenirs, à revivre dans nos enfants, à quitter pour un meilleur monde celui-ci.

Hélas ! pourquoi n'es-tu pas plus religieux ? Mes doutes n'eussent pas existé, et tu ne les aurais pas excités. Je ne te voyais aucune frein religieux. Depuis longtemps tu as adopté les apparences de la

---

Frein, restraint.

vie la plus désordonnée ; tu affectes les manières les plus légères, le mépris le plus grand des bienséances ; je t'ai vu souvent manquer à la vérité pour dire que tu avais fait une chose quand tu avais été autre part.

Hélas ! sur quoi puis-je donc juger, excepté sur les apparences, puisque tu ne veux pas que je sache le fond des choses ? Oh ! je suis plus malheureuse que coupable ! si tu n'avais pas le désir de mener une vie désordonnée, comme tant d'hommes, pourquoi tout faire pour le faire croire ? Tu savais que j'étais d'un caractère jaloux : si tu avais de l'affection pour moi, si tu aimais la paix et l'union, pourquoi faire tout ce qu'il fallait pour exciter la jalousie de la personne qui en serait le moins susceptible ? Mais, mon Dieu ! comme les chagrins rendent superstitieux ; j'en suis honteuse.

Dans ce moment, en écrivant, je détourne les yeux et je vois une petite arraignée ; mes larmes se sont arrêtées, et j'ai senti une émotion de joie, comme s'il me venait un motif d'espoir.

Que l'esprit de l'homme est faible ! et cependant

Désordonnée, irregular.

c'est bien en vous seul, ô mon Dieu, que mon cœur a remis ses espérances....

Mais ne serait-il pas possible que quelquefois vous envoyiez des signes sensibles de votre volonté...?

Oh! sauvez-le, et, s'il se peut, rendez-le-moi, mon Dieu!

Oh! faites qu'il daigne lire les quelques lignes que je lui envoie, et qu'elles touchent son cœur.

SUITE.

CERTAINEMENT, il ne m'aime plus du tout. Jamais un moment d'intérêt ni de bienveillance. Ma santé, mes occupations, mes chagrins, mes distractions, rien ne lui importe. J'ai encore le droit de manger à table, de disposer d'un peu d'argent, de sortir seule, soit à pied, soit en voiture. Qu'ai-je besoin de plus, à ses yeux? J'ai eu neuf enfants; ils vivent encore, et c'est comme si je n'en avais pas; je n'ai aucun droit sur eux; je ne puis me mêler de rien.

Importe, cares—*soit*, either.

LETTRE XIV.

TROUVÉE DANS LE SECRÉTAIRE DE Mme. LA DUCHESSE DE PRASLIN.

Praslin, le 15 septembre 1842.

Vous êtes bien loin de vous douter, Théobald, j'en suis convaincue, de votre dureté vis-à-vis de moi et de ce qu'elle me fait souffrir. C'est une mort bien lente, mais bien douloureuse, je vous assure, que celle qu'amène le chagrin !

Oh ! Théobald ! combien je vous aimais, combien j'aimais nos enfants ! Je n'ai plus rien en ce monde ! De notre union il ne me reste plus que votre nom ! Je vis seule, abandonnée, méprisée, et j'ai un mari et neuf enfants ; une autre, devant mes yeux, jouit de tous ces biens les plus chers ! et vous voulez que je le trouve naturel ? Eh bien ! oui, je le dis avec vérité, de tous les supplices, le plus grand qu'on pût m'imposer est la vie que je mène.

Mon Dieu ! quel crime ne punirait-on pas par de semblables angoisses ? Vous ne m'aimez plus ! vous m'abandonnez ! Quoique de toutes les peines, ce soit la plus cuisante pour moi qui n'ai jamais cessé de vous aimer avec tant d'ardeur, je le comprends ; mais m'arracher mes enfants, donner près d'eux et près de vous ma place à une autre ! Oh ! non, vous n'en aviez pas le droit, Théobald !

Abandonner mes enfants à une écervelée sans pudeur, sans principes, sans tact, pouvez-vous être assez faible et assez aveugle !

Cuisante, poignant, violent.

LETTRE XV.

TROUVÉE DANS LE SECRÉTAIRE DU DUC DE PRASLIN, A PRASLIN.—(*Sans date*).

Ne crois pas, mon cher Théobald, que je ne sente pas mes torts, lorsque je me suis échappée à te dire trop violemment ce que j'éprouvais et ce qui me désole. Quelque juste et légitime qui soit mon chagrin, je devrais ou le taire, ou t'exprimer avec plus de calme les inquiétudes vives et naturelles qu'il fait naître en moi pour nos enfants. Au point où en sont les choses, je t'assure qu'il vaudrait mieux nous séparer sans bruit, sans éclat, sans en parler à personne.

Le temps arrange bien des choses; il finira par t'ouvrir les yeux sur la triste et déplorable influence que tu as laissé prendre; tant d'ascendant sur toi, tant d'autorité sur nos enfants et ta maison. Jusque-là, laisse-moi attendre en paix dans la solitude.

Depuis des années j'ai fait de vains efforts pour paraître calme et résignée à un état de choses que je crois fermement aussi pernicieux à nos filles aînées qu'il est pénible pour moi. J'ai longtemps cru à ton affection, et cette pensée me soutenait pour attendre en souffrant ; maintenant tout illusion a cessé ; je vois que je n'ai jamais su occuper dans ton cœur la place que j'ambitionnais et que je croyais y avoir. Tu as été si longtemps, si parfaitement bon pour moi, que j'ai cru que tu m'aimais comme je t'aimais, et qu'un jour tu reviendrais. Cette illusion est détruite.

Puisque je n'ai pas su gagner ton affection autrefois, je ne le puis plus espérer maintenant que tant de chagrins m'ont, je le sais bien, aigri le caractère. Mon cœur est toujours le même, tout à toi et en toi et nos enfants ; mais je vois que je ne suis rien, ni pour toi ni pour nos enfants. Tu as annulé ma vie, tu me contrains à n'être que spectateur, lorsque je devrais être le second chef de la famille. Je vois sous mes yeux mille choses qui froissent et mes principes et mes affections. Je suis visiblement à charge à toi et à une partie de mes enfants, extérieurement du moins, car tu es bien loin de connaître le fond de leur pensée. Enfin, ma vie, tu l'as rendue inutile ici, tu me fais sentir que je suis de trop et seulement soufferte.

Je sais que je ne puis rien pour changer quoi que ce soit dans tes déterminations; je ne te demande donc que de faire nos arrangements pour qu'au moins je ne sois pas contrainte à assister à des choses que je ne saurais m'empêcher de blâmer dans le fond de mon cœur,

Tu m'as prouvé de toutes les manières que tu n'avais ni estime ni amitié pour moi, que tu désirais que mes enfants partageassent tes sentiments. Je ne demande rien que de te laisser jouir en paix de la vie que tu t'es arrangée, sans en être le spectateur forcé. Je souffre trop ici, privée de tout dans le lieu que j'aimais, au milieu de ceux que je chéris et qu'une intrigante m'arrache.

Je ne saurais comprendre pourquoi ma triste vie doit servir d'assaisonnement à tes plaisirs. Fais ce

---

Soufferte, tolerated—*assaisonnement*, a relish, set off.

que tu veux, mais, par grâce, ne me force pas à en être témoin.

Si des eaux sont ordonnées à Aline, accorde-moi ta confiance pour l'y conduire. Ah! si tu me permettais de consacrer ma vie à ceux de mes enfants qui te procurent le moins de joie, à ceux que la nature a le moins bien traités, ce serait beaucoup pour moi.

Si tu savais combien tu me fais souffrir! Je ne te demande que la grâce de m'éloigner dans la solitude, et depuis un an, tu n'as pas eu le temps d'y penser! Tu ris de mes souffrances, et moi je te le dis devant Dieu, il n'y a pas de plus cruelles tortures que la vie que je mène en attendant. Tu me contraindras à fuir: ne vaudrait-il pas mieux s'arranger sans se brouiller? Certes, rien ne me froissera plus dans ce que tu décideras que ce que je vois ici. Ah! que de fois je t'ai vu te laisser tromper et fasciner par des intrigantes!*

---

* (Cette lettre était renfermée dans une enveloppe portant pour suscription : *Monsieur le duc.*)

Des eaux, mineral waters – *se brouiller*, to fall out, quarrel.

LETTRE XVI.

TROUVÉE DANS LE SECRÉTAIRE DE Mme. LA DUCHESSE DE PRASLIN, *à Praslin.*

JE sors, mon cher Théobald, car je ne sais plus, je l'avoue, quelle conduite adopter. J'avais cru faire merveille hier de m'enfuir en silence pour éviter l'aigreur que tu me reproches dès que j'ouvre la bouche. Ce nouveau parti m'a si mal réussi qu'il faut que j'aie le temps de réunir mes pensées pour savoir lequel prendre. Tu m'as beaucoup répété que tu me méprisais; tu me le prouvais depuis si longtemps que je n'en doutais malheureusement pas; mais j'avoue que je ne le comprends pas bien.

Au surplus, tu me comprends fort mal; tu supposes toujours que je rapporte toutes mes pensées au soupçon d'une seule action coupable, et je comprends que cette pensée te révolte, surtout dans ces circonstances. Il n'y a pas que cette chose là qui soit pénible à l'affection et blâmable ; certes, te voir préférer la société d'une autre, lui donner tous mes droits à ton amitié, à ta confiance, à ton intimité, tous ceux que j'avais sur mes enfants, voilà de véritables et profonds sujets de chagrin. Ajoutes-y le chagrin de voir mes enfants dans les mains d'une personne qui, parce qu'elle ne commet pas une faute, croit tout simple d'être inconvenante et familière, d'employer son influence pour te diriger à sa guise et s'emparer de toute la maison, qui regarde les bienséances comme des absurdités.

Franchement, il y a là bien assez pour être triste, malheureuse, aigrie. Continuer la vie ainsi n'est vraiment pas possible. Souviens-toi que je veux ton bonheur avant tout, mais que je ne puis l'assurer au prix de ma conscience. Si je reste, je te propose un arrangement, réfléchis. Je me ferai ordonner, si tu veux, les bains de mer ; j'irai seule à *Carteret*. J'y prolongerai mon séjour trois mois : si la vie que tu t'es arrangée avec nos enfants et Mlle. D.... te con-

---

A sa guise, as she likes—*bienséances*, decorum.

vient pour toujours, sans avoir la charge d'une femme qui veut être la compagne de son mari et la mère de ses enfants ; si, enfin, il t'arrange d'être veuf, tu me le diras franchement ; si, au contraire, au bout de trois mois, tu te rappelles que tu as une femme qui t'aime, et que tu éprouves le besoin d'une amie qui se consacre à toi pour la vie, alors tu me le dirais, et j'arriverais bien heureuse, bien reconnaissante.

Ne m'accuse pas d'insouciance, en te donnant cette alternative, je veux ton bonheur ; je sais que ma présence et un fardeau et que mon absence ne serait pas une privation, puisque je suis inutile à tout et à tous, à la manière dont les choses sont arrangées depuis quelque temps.*

---

* Cette lettre porte pour suscription : *M. le duc.* On ignore si elle lui a été remise.

Insouciance, indifference.

LETTRE XVII.

TROUVÉE DANS LE SECRÉTAIRE DE Mme. LA DUCHESSE DE PRASLIN, *à Praslin.—(Sans date).*

Je vois bien, mon ami, que vous prenez mon chagrin pour de l'humeur; mais vous vous trompez complètement. De bonne foi, mettez-vous à ma place, et dites: seriez-vous heureux si vous aviez un mari et qu'il vive sous vos yeux, dans la même maison, avec une autre femme, dans un degré d'intimité et de familiarité tel que vous vivez avec Mlle. D.... Dites, prendriez-vous votre parti de ne pas élever vos filles si vous étiez mère, de les voir dans les mains d'une personne dont ni la conduite, ni les principes ne peuvent inspirer aucune confiance, et qui a de détestables manières?

Dites, vous arrangeriez-vous de vivre isolée comme

Détestables manières, ill bred, uncouth manners.

je le fais au milieu des siens, de n'être ni épouse, ni mère, ni maîtresse de maison ? Vous me privez des occupations qu'amènent toujours les devoirs à remplir pour les affections permises ; vous me condamnez à vivre comme une vieille fille et à voir une autre tenir ma place.

Oh ! mon Dieu, vous ne comprenez pas ce que je souffre ! Vous ne savez donc pas que cette vie-là est un supplice affreux ; que, sans un vague espoir qui me fait toujours penser qu'il est impossible que vos yeux ne s'ouvrent pas enfin sur le sort que vous faites à nos filles en leur donnant une si mauvaise opinion de leur mère, et une si fâcheuse éducation avec des exemples si dangereux, des principes si faux, sans ce vague espoir, je ne pourrais rester un instant de plus sous votre toit ?

A mon âge, n'avoir pas *un chez moi* comme toutes les femmes, pas un intérieur avec un mari et des enfants ! Théobald, vous ne pouvez pas vous imaginer ce que votre mépris et votre dureté me font souffrir ! Donner ma place près de vous, près de mes enfants,

---

Fâcheuse, sad—*toit*, roof—*un chez moi*, a home.

sous mes yeux, à une autre, tandis que vous n'avez pas assez de verroux pour vous garer de moi ! Quoi ! vous ne voyez pas quelles injures vous me faites, quelles humiliations je subis devant mes enfants, et vos domestiques !

Je vous avoue que cette vie ne m'est plus supportable. Si vous tenez à continuer, consentez enfin à ce que je me retire, je ne puis plus l'endurer. En continuant à vivre ainsi, nous nous aigririons davantage. A quoi bon ? Nos filles acquièrent peut-être des talents, mais reçoivent une fâcheuse éducation. Grâce à Dieu, leur naturel est bon ; mais elles ne sont pas élevées comme elles devraient l'être.

Je vois cela et je ne puis rien dire, et cependant je suis mère, et ma vie a été pure !

Je vous répète, mon ami, si vous voulez continuer ainsi, je ne puis, ni ne dois rester. Ma présence est inutile, puisque je ne puis empêcher ce que je blâme, et je souffre inutilement.

Verroux, bolts, fastenings—*garer*, to be out of one's way, to avoid one —*subir*, to suffer, to undergo—*s'égrir*, to embitter one's life.

LETTRE XVIII.

TROUVÉE DANS LE SECRÉTAIRE DE Mme. LA DUCHESSE DE PRASLIN, *(sans date)*.

JE ne saurais comprendre quelles sont tes vues pour l'avenir de nos enfants, ni par quels principes tu diriges ta conduite, ni quelle est la nature de tes sentiments à mon égard. Tu ne veux, sous aucun prétexte, ni lire mes lettres, ni m'accorder un entretien sérieux, ni explication d'aucun genre. Si c'est la crainte d'une explication sur ta conduite particulière, tu as bien tort de craindre que j'aborde ce sujet; j'ai longtemps attendu, espéré ce moment presque autant que je le désirais; maintenant c'est une illusion complètement détruite; tu m'as trop clairement prouvé que tu ne m'aimais plus, et que tous rapports devaient cesser entre nous, pour que je sois assez absurde pour songer à attendre de toi aucune marque d'affection.

Aborder, to touch upon or mention—*rapports*, intercourse.

Je ne demande donc de toi, je te le jure, que ce qu'on ne refuse à aucune femme, à moins qu'elle ne soit un monstre de corruption, c'est la possibilité d'accomplir mes devoirs auprès de mes enfants et la consolation que je pourrais trouver près d'eux seulement et dans les soins que je leur rendrais, dans leur tendresse, pour adoucir les amers regrets qui me déchirent le cœur, d'avoir perdu ton affection.

J'aurais donné tout mon sang pour regagner ta tendresse, pour en jouir encore quelques instants et mourir; mais j'ai été lâche, égoïste, coupable, j'en conviens, en t'abandonnant toute ma part de droit sur nos enfants, me figurant que ce sacrifice, plus immense que celui de ma vie cent fois, te toucherait, que tu me reviendrais, et que tu me les redonnerais une seconde fois. Mais j'en atteste le ciel, je n'eusse jamais fait une semblable concession pour aucun motif, si je n'eusse été convaincue que tu les mettais dans des mains respectables, et cela seulement pour leur instruction; jamais je n'aurais consenti de bonne volonté à être privée de tous rapports avec mes enfants, à ne plus m'occuper de leur santé, de leurs soins matériels. Mais cela n'est pas; jamais je n'ai été assez dénaturée, assez infâme, pour renoncer à soigner mes enfants, à vivre avec eux, à exercer une influence morale sur eux.

Il faut que tu sois bien aveuglé pour ne pas voir que tu es dans les mains d'une intrigante. Oui, la personne qui est capable de profiter des dissentiments qu'elle a remarqués entre nous à son arrivée, afin d'accroître son autorité, qui nous a complètement brouillés, qui a totalement séparé une mère de ses enfants, est profondément immorale et indigne de la confiance que tu lui témoignes. Une femme qui accepte une position aussi fausse est le plus dangereux exemple pour des jeunes filles ; elle achète l'autorité au prix de sa réputation ; les femmes qui font de ces marchés-là n'ont qu'un pas à faire pour se perdre par le fait, comme elles le sont par apparence.

Ayant eu le malheur de se pousser dans une position très-fausse, Mlle D... devait, si elle avait eu le sentiment de la pudeur et le moindre tact, avoir des manières réservées, de la retenu vis-à-vis de toi ; au lieu de cela, par ses manières éhontées vis-à-vis de toi, arrogantes dans la maison, insolentes avec moi, elle s'affiche d'une manière scandaleuse.

Pas, step—*éhontées*, barefaced—*elle s'affiche*, she braves public opinion.

Tu ne me trouves pas assez bonne compagnie pour mes enfants ; en voyant les manières libres, inconséquentes, scandaleuses souvent, de leur gouvernante, que penseront bientôt mes enfants de la conduite de la mère dont on les sépare ? Ne sens-tu pas à quel point tu me flétris à leurs yeux ? Ah ! tu n'en as pas le droit. Si j'avais été coupable, tu croirais de ton devoir de m'assurer la considération de mes enfants ; et tu me perds ! et tu les abandonnes à une personne qui ignore ou qui se moque de toutes les lois de la pudeur et de la décence, puisqu'elle n'en observe aucune.

Quel Mentor pour des jeunes filles ! Qui donc les conduira et les dirigera dans le monde ? Certes, tu ne m'en jugeras pas digne, et quand tu le ferais par respect humain, est-ce moi qui ne les connais pas, et elles qui n'ont pas de confiance, pour qui elles n'ont pas d'estime, qui peux les diriger ? Habituées aux manières effrontées, libres et familières de Mlle. D... avec toi, à la trouver la perfection sur terre, elles se moqueront de mes conseils, ou les prendront pour des conseils, d'hypocrisie.

D'un autre côté, si tu les mènes sans moi, c'est me

déshonorer : les faire accompagner par elle ! mais ce sera l'afficher aux yeux de tous ! Mon Dieu ! ne me crois pas si absurde que de penser que tu as une grande passion pour Mlle. D... Je sais que cela te paraît une idée très immorale ; mais si c'est son but à elle, est-elle propre à élever des enfants ? Si même elle ne s'inquiète pas de cela, et qu'elle ne s'affiche que pour mieux assurer son empire absolu, convient-il que nos filles soient dans les mains d'une personne qui ne tient pas à sa réputation, qui foule aux pieds toutes les idées de décence reçues ? Ce sont les apparences qui font la réputation ; on ne peut juger que ce qu'on voit en ce monde.

Tu conviens que je mène une vie affreuse, qui toi-même tu ne la supporterais pas ; tu dis qu'il ne dépend que de moi de la changer ; oh ! mon Dieu ! je sais fort bien que si je voulais consentir à trouver charmant tout ce que Mlle. D... fait ; à fermer les yeux sur tout ce que je trouve de mal, à ne pas paraître m'apercevoir de tout ce qu'il y a de louche dans ces mystères qui t'enveloppent, à renoncer à

Afficher, to make it appear evident—*foule aux pieds*, tramples—*louche*, suspicious.

avoir une opinion arrêtée sur certains principes et sur des convenances ; je ne doute pas que si je disais *amen* à tout ce que je blâme, ma vie serait matériellement toute différente en apparence, c'est-à-dire que tu consentirais à me parler plus gracieusement, ainsi que Mlle. D... ; que je serais quelquefois admise aux promenades, aux parties de plaisir ; que tu consentirais à causer avec moi de temps en temps comme avec tout le monde ; que tu viendrais me voir, quand je serais souffrante, quelques instants ; que tu paraîtrais prendre quelque intérêt, soit à ma santé ou à mes plaisirs ; que tu aurais peut-être quelques attentions pour moi, quelques cadeaux à m'offrir.

Oui, je crois tout cela, et je sais qu'avec quinze jours de fausseté j'obtiendrais ce changement. Mais si j'étais assez lâche pour acheter ce calme et ce bien-être (car ce n'est pas même là du bonheur) au prix du sacrifice de tous mes principes, je serais méprisable.

Je suis épuisée moralement et physiquement par cette longue et cruelle lutte ; mais toi-même tu ne

---

Cadeaux, presents—*fausseté*, duplicity—*lutte*, struggle.

pourrais pas me conseiller d'acheter le repos par le sacrifice de ma conscience.

Dussé-je mourir sans avoir obtenu un moment de soulagement, je ne cesserai jamais de te dire hautement la vérité. Tu es dans une voie funeste; tu perds nos enfants en leur donnant de faux principes, et en leur apprenant à mépriser leur mère, en leur donnant l'exemple d'un ménage désuni, dans lequel un tiers vient occuper la place de leur mère, de ta femme.

Tu comprends que ma santé ne peut être un prétexte plausible pour personne, à la manière dont je suis repoussée en dehors de la famille; car il est évident que si tu me croyais malade, et que nous ne fussions pas séparés par ton aversion et surtout par de funestes influences, tu me soignerais et les enfants aussi, au lieu de m'abandonner.

Certes, tu ne rendrais pas aussi cruellement malheureuse une femme qui te serait indifférente. C'est donc de la haine que tu as pour moi, et c'est le fruit de mon amour si constant, si dévoué.

Dussé-je, were I—*ménage*, household.

LETTRE XIX.

TROUVÉE DANS LE SECRÉTAIRE DU DUC DE PRASLIN, A PARIS.—*(Sans date).*

J'AI eu tort ce matin, et je commence très bien à sentir que, parce que je suis triste et malheureuse, ce n'est pas une raison, lors même que mon amour-propre est blessé comme mes affections, d'être emportée et de mauvaise humeur. Je sens donc très bien que si je suis excusable d'être affligée de la position où ma conduite m'a mise, je ne saurais l'être de ma violence et de mon humeur, pas plus qu'un homme ne le serait de devenir un voleur, parce qu'on l'a volé.

Je comprends que mes fautes, sans cesse renouvelées, doivent tous les jours aggraver ma position,

---

Amour-propre, self respect—*emportée*, passionnate, hasty.

et que je n'ai que ce que je mérite : aussi je comptais plus sur ton extrême bonté que sur moi ; mais tu es lassé, c'est tout simple. Abandonnée à moi-même, je ne saurais envisager l'avenir sans effroi ; mais, pour toi, je ne saurais t'en vouloir de chercher ton bonheur ailleurs. Je sens très bien que je n'ai plus rien à attendre, plus le droit de rien attendre de toi que les seuls devoirs que ta conscience peut t'imposer, et chacun envisage les siens sous un point de vue qui lui est propre. Oui, mon cher Théobald, je connais fort peu tes nouvelles idées, je ne sais jusqu'où elles s'étendent ; mais, je le sais, je n'ai le droit de rien espérer que ce que tu feras pour toi-même ; je le dis sans humeur.

Ah ! plût à Dieu que je pusse rompre des liens qui ne sont plus que des entraves pour ton bonheur, plût à Dieu que je pusse te rendre toute ta liberté, de manière à ce que tu pusses en disposer avec joie, et sans remords ni regrets !

Je n'oserais entrer avec toi dans le détail des pen-

Lassé, tired—*c'est tout simple*, nothing so natural, or, I could not expect less, or, I fully expected it—*envisager*, to look forward—*sous un point de vue*, in a light—*sans humeur*, without any ill-feelings—*entraves*, obstacles.

sées et des désirs que cette idée fait souvent naîtro dans mon esprit; mais, sache-le bien, Théobald, ni l'amour que j'ai pour tes enfants, ni l'espoir vague d'un bonheur que je n'attends plus, ni une terreur matérielle ne me retiennent en ce monde. Une seule pensée m'arrête, me retient et doit m'enchaîner à cette vie, quelque pénible, inutile, nuisible qu'elle puisse me paraître: c'est un devoir de vivre et peut-être de souffrir; il faut donc s'y soumettre. Crois-le bien, je sais qu'il faut que je vive, et c'est seulement parce qu'il le faut que cela est.

Ah! si tu savais tout, tu serais bien convaincu que ce n'est pas par faiblesse, mais par devoir que je ne t'ai pas encore délivré de moi. Je le sais, tu as un plan: tu veux me corriger, et, si tu réussissais, je suis convaincue que tu voudrais me rendre heureuse; mais, mon ami, les moyens que tu emploies sont trop violents pour moi; ils m'irritent malgré moi, et alors tu m'en veux, et nous tournons dans un cercle vicieux.

Tu veux me rendre moins exigeante, et tu me

Tourner dans un cercle vicieux, to tread, or follow a wrong path.

prives, permets-moi de te dire la vérité, des droits les plus naturels (et tu ne saurais nier qu'une femme en a bien cependant quelques-uns aux égards et à la société de son mari) ; tu veux me rendre moins inquisitive, et tu me refuses la moindre réponse, la plus simple ; tu veux me rendre plus douce, et tu froisses sans cesse tout ce qu'il y a de plus tendre et de plus délicat dans le cœur d'une femme : tu veux me rendre moins jalouse, et tu mènes une vie capable, je te le jure, d'exciter la jalousie de la femme la plus calme et la plus indifférente.

Tu vas triompher en me disant qu'en cela, du moins, tu réussis, car je te fais moins de scènes de jalousie : et ce silence ne saurait-il avoir d'autres motifs que celui de ta confiance ? Oui, je ne doute pas un instant, quand je suis de sang-froid, de tes bonnes intentions vis-à-vis de moi, mais je vois avec terreur les crises et les ravages que produit la violences des remèdes, et je crains bien que lorsque la maladie cédera aux remèdes, le feu qu'allument le médecin et le malade ne soit entièrement épuisé, chez le premier, moralement, et chez le second, physiquement.

H**

Je ne m'aveugle point : hier soir, tu m'avais su gré de n'avoir pas profité du temps de ton bain pour ne point te quitter et te parler de mes chagrins et des explications que je désirais ; ce matin, j'ai détruit le peu de bon effet qu'avaient produit mes efforts. Je sais bien que tu n'admets pas qu'une femme ait des droits, mais cependant en toi-même, mon bien cher Théobald, ne comprends-tu pas qu'il y a certaines manières de vie qui peuvent faire de la peine à une femme et lui inspirer des inquiétudes assez naturelles ?

Dans ce cas, une femme ne doit-elle pas demander des explications ? Si elles sont refusées, l'inquiétude ne doit-elle pas s'accroître ? Eh bien ! je souscris encore à cela ; mais du moins faut-il les lui promettre entières et satisfaisantes pour l'avenir. Et quand je dis des explications, j'entends une réponse franche et nette sur des événements passés qui peuvent avoir excité des inquiétudes et des soupçons pénibles. Crois-tu que sans cela la confiance puisse jamais s'établir ?

Je ne m'aveugle point, I do not deceive myself—*su gré,* been obliged, thankful—*nette,* decisive.

Admets que je sois complètement corrigée de mes violences, de mes questions, de mes exigences (que je cherche, sans les trouver maintenant) ; admets enfin que depuis longtemps tu sois content de moi, de manière à vouloir prendre un nouveau genre de vie, sera-t-il bien probable que ma tendresse soit aussi vive, affectueuse, empressée et confiante que tu pourrais le souhaiter, si j'ai conservé au fond du cœur des inquiétudes sur le passé ? et crois-tu donc que, parce que je ne les aurais pas articulées, ces inquiétudes, elles n'auront pas été aussi profondes et aussi pénibles ?

Lors même qu'ayant appris à dissimuler les doutes qui me resteront, parce qu'ils n'auront pas été éclaircis, crois-tu, cher ami, que ta femme pourra être telle que tu la désirerais ? Il pourrait y avoir plus d'intimité, de confidences, de caresses que maintenant, mais peut-être moins de tendresse qu'il n'y a encore maintenant. Je te parle très franchement. Je connais mieux mes devoirs maintenant ; je sais que, lorsque tu me repousses, je dois m'éloigner sans me

---

Exigences, unreasonable wishes, or, of my being too particular—*dissimuler*, to conceal, hide.

plaindre et murmurer surtout ; que lorsque tu m'appelles, je dois venir sans conditions, sans réflexions, quelques inquiétudes, quelques soupçons qui puissent m'agiter ; je t'appartiens, tu peux me prendre, me laisser, me reprendre à ta fantaisie ; je dois obéir et faire tout ce qui est devoir avec toute l'affection qui dépend de moi, sans m'inquiéter de ta conduite, dont ta conscience doit être le seul juge entre nous pour nos rapports ; mais la confiance, elle fait seule tout le charme de la vie, le bonheur de l'intimité, la douceur des caresses. En disant tout cela, ne va pas t'imaginer que je serais capable de te soupçonner de m'appeler pour mieux cacher ton jeu ; en vérité ce serait bien injuste, car tu affectes trop les mauvaises apparences, pour que les dessous de cartes soient aussi mauvais, à beaucoup près.

Mais tu es bien méchant, je t'assure ; car tu ne saurais le nier, tu serais très fâché que j'eusse l'air radieux, enchanté de ma liberté extrême et de mon isolement : et, plus j'en suis désolée, plus tu augmente mes chagrins et mon trouble. Mais où veux-

---

Jeu,-deceit—*les dessous de cartes*, at the bottom—*à beaucoup près*, by much.

tu en venir? Peux-tu te figurer me rendre confiante en excitant mes soupçons par tous les moyens, sans me prouver par des éclaircissements que j'avais tort?

Admets-tu que je puisse jamais avoir le calme et la douceur inaltérable comme Régine? Mais, mon ami, autant prendre la lune avec les dents. Je puis apprendre à me contenir, m'adoucir, devenir plus soumise, mais impossible, jamais! ce serait tout au plus si tu me devenais tout-à-fait différent.

Et plût à Dieu que je pusse jouer au naturel, pendant un bon mois, l'insouciance, la légèreté, la gaîté! tout changerait bien vîte. Tu me traites comme une folle: n'as-tu donc jamais craint que je te prenne en grippe, comme elles font de leur médecin?

Hélas! tu as raison de compter sur l'excès de ma tendresse, et cependant souvent je me dis: Oh! s'il tenait moins à me corriger et qu'il me traitât comme une indifférente, je ne le verrais plus, et vraiment je n'en puis plus.

Eclaircissements, explanations—*prendre la lune, &c.*, to attempt to fly, an impossibility—*jouer*, to act—*bon*, full—*prendre en grippe*, to take a dislike to—*s'il tenait moins à..*, if he care less to..—*je n'en puis plus*, I am exhausted, done.

LETTRE XX.

TROUVÉE DANS LE SECRÉTAIRE DU DUC DE PRASLIN, A PARIS.—*(Sans date)*.

NE crois pas, mon cher Théobald, que je sois assez folle pour croire que des lettres, des prières, des scènes puissent me donner ton affection et ta confiance. Si j'avais même une espérance lointaine, mais fondée, de jamais les obtenir, j'attendrais avec patience, et sans t'entretenir de moi, ce jour bienheureux où tu rendrais justice à mes sentiments. Au point où nous en sommes, je veux du moins pouvoir me dire, si nous sommes séparés pour toujours, si la mort nous surprend : Il saura du moins que mon cœur et ma raison étaient autres qu'il ne les croyait. J'éprouve donc le besoin de te faire ma profession de foi sur ma manière d'envisager la vie

---

Au point, &c., as things now stand between us—*profession de foi*, declaration of one's sentiments, opinions.

et les sentiments. Sans estime, l'affection d'un mari pour sa femme est nulle ; la confiance est la mesure de l'affection.

Le but de la vie d'une femme est d'être l'amie, la compagne, la consolation de son mari, d'élever ses enfants, de diriger l'intérieur du ménage. Ce sont là les trois missions de la femme sur la terre. Si elle ne les remplit pas, elle a manqué sa vie, elle ne mérite aucune considération, elle est un être inutile et méprisable, comme l'homme qui n'a d'autre occupation que de boire, fumer, monter à cheval et jouer. Il y a des femmes qui ont été coupables, qui ont cependant élevé leurs enfants, car le cœur d'une mère se sanctifie et s'épure par l'amour de ses enfants. Elle sait redouter pour eux, et les éloigner des torts et des défauts auxquels elle cède en les blâmant et les déplorant.

Oui, Théobald, celle qu'on ne trouve pas digne de s'occuper de ses enfants, c'est qu'on la considère comme une créature corrompue, c'est qu'on la méprise. J'ai cru longtemps qu'entraîné pour ton goût dominant pour l'indépendance, poussé par les mauvais conseils, éloigné par mes emportements et ma jalousie (à laquelle, franchement, tu donnais beau jeu par tes mystères et ton abandon), effrayé par mon goût de dépense qu'on a bien su grossir comme tous mes défauts, j'ai espéré longtemps que si, pour tous ces motifs, tu me repoussais en dehors de ta vie, de tes plaisirs, de tes occupations, tu avais assez bien jugé mon cœur pour me revenir dans les malheurs, les chagrins, la souffrance.

Mais lorsque je t'ai vu, souffrant, me bannir moi seule de ta chambre ; lorsque j'ai vu que tu me fuyais dans la douleur, que tu te taisais lorsque tu avais des affaires pénibles, lorsque je t'ai vu m'enlever tous mes enfants, me priver de toutes relations avec eux, pour les donner à une inconnue légère, inconvenante, évaporée, dominante, intrigante, alors j'ai enfin ouvert les yeux ; j'ai vu qu'il n'y avait rien pour moi dans ton cœur que mépris, aversion tempérée quelquefois par la pitié que ta bonté ne savait refuser à ma triste vie et à mon amour ; au fond de ta conscience tu ne saurais le nier.

Comment mon cœur ne serait-il pas ulcéré, ma

Donner beau jeu, to give ground, reason for—*tu te taisais,* thou wast silent.

santé altérée par de semblables chagrins ? Je suis condamnée par toi à une inaction honteuse, car la mère de neuf enfants qui aurait un autre but dans la vie que ses devoirs et ses soins envers ses enfants et son mari serait coupable. Tu m'as dit un mot bien dur avant-hier, mais dont la profondeur m'a percé le cœur ; tu m'as dit que puisque je ne partageais aucun de tes intérêts, je n'avais pas plus de droits à tes chagrins. Tu l'as dit, tu l'as voulu, nous ne pouvons plus être que des étrangers l'un à l'autre.

Adieu donc ! sois heureux, tu peux encore l'être, tu as des enfants ; moi, je n'ai plus rien, ta haine et ton mépris m'ont tout retiré, l'indifférence n'aurait pas fait tout cela.

Avoir des droits à, to share in.

LETTRE XXI.

LETTRE SANS DATE, TROUVÉE A PRASLIN.

Lorsque je suis arrivée ici, j'espérais avoir quelques instants de distraction et de trêve ; mais l'illusion n'a pas duré longtemps : le marchepied de la voiture n'était pas achevé de baisser que j'avais lu dans votre air glacial, dédaigneux et mécontent, dans l'expression contrainte des regards de mes enfants, dans les petits yeux verts* qui apparaissaient derrière votre épaule, que j'allais être soumise à tous les traitements les plus humiliants, à la vie la plus pénible, à supporter le spectacle des choses les plus inconvenantes, pour ne pas me servir du mot propre.

Croyez-le bien, Théobald, si je lutte encore, c'est parce que je suis fermement consciencieuse ; qu'il est de mon devoir de ne pas renoncer, pour obtenir une

---

Trève, suspension, rest—*marchepied*, step—*lutter*, to struggle—*il est de mon devoir*, it behoves me.

* Ceux de Mlle. de Luzy.

paix et une tranquillité factices, de ne pas donner, par mon silence, une apparence de consentement tacite à un état de choses qui regarde mes enfants et que je désapprouve vivement, parce que je le crois fermement détestable, fâcheux pour le présent, pernicieux, dangereux dans l'avenir. Tu as beau faire, beau me détester, je suis leur mère à ces enfants que tu donnes aux premières venues.

Je sais fort bien que tu es le maître, tu peux tout sur moi ; mais il est une chose dans laquelle les droits d'une femme sont presque égaux à ceux d'un mari ; tu l'oublies entièrement. Ne sais-tu donc pas que les lois, si je les invoquais, décideraient en ma faveur ; tu sais que je ne le ferai jamais, mais est-ce une raison pour en abuser. Tu te crois obligé à céder en toutes choses, afin de conserver Mlle. D... à tout prix. Tu la crois irremplaçable près de toi, près de mes enfants ; toi qui crois si simple, si facile de remplacer une mère, pourquoi crois-tu donc si prodigieusement impossible de remplacer une gouvernante? Si tu l'avais voulu, elle aurait pu être

---

Factices, sham, artificial—*premières venues*, total strangers—*tu as beau faire*, it is in vain for you to..

une bonne gouvernante ;* mais tu as dénaturé ses fonctions, sa position, et qui brille au second rang s'éclipse au premier.

Comment la tête ne lui tournerait-elle pas, à celle à laquelle ta conduite dit tous les jours plus clairement que les paroles encore? "J'ai une femme; mais je préfère votre société, vos soins; mes enfants ont une mère, mais vous que je connais à peine, qui êtes plus jeune, j'ai plus de confiance en vos principes, votre expérience, vos soins, votre dévouement, vos manières, votre jugement, votre tendresse pour leur tenir lieu de tout; prenez la place, commandez, ordonnez celle qui doit être la mère de mes enfants doit être souveraine chez moi."

Théobald, cela est logique, mais tu pars d'un point faux et dangereux. Toi-même, tu n'as pas le droit de me condamner à cette ignominieuse mort civile;

---

* *Gouvernante*, governess. On se sert plus ordinairement du mot *institutrice;* à moins que la mère se démette entièrement de la surveillance de ses enfants, alors on dit *gouvernante.*

An upper nurse in a nobleman's family is called also *gouvernante des enfants.*

Dénaturé, totally changed—*et qui brille*, and she who shines, &c.—*comment la tête ne lui tournerait pas, &c.*, how could she not lose her senses—*pour leur tenir lieu de tout*, your extreme kindness in standing towards them as their only protector.

tu ne le peux, qu'en me laissant soupçonner d'une conduite et de vices infâmes, et par mes enfants encore ! Oh ! je suis bien punie de t'avoir tant aimé, préféré même à eux ! Mais n'étais-je pas assez déjà punie d'avoir perdu sans retour, sans espoir, le seul vrai bonheur pour moi, ton affection ?

Mais voir mes enfants conduits dans une voie de principes faux et légers, habitués à trouver naturelles et convenables des manières inconsidérées, des positions fausses, inconvenantes ! Si tu veux y réfléchir toi-même, tu sentiras qu'en mettant à part tous mes sentiments personnels de joie et de bonheur intérieur anéantis, je dois cruellement souffrir de voir mes nombreux enfants dans une direction si pernicieuse pour leur conduite à venir !

Demande-toi franchement ce que tu sentirais, ce que tu ferais vis-à-vis de quelqu'un qui t'ôterait à la fois une femme que tu aimerais avec ardeur et tes enfants, pour leur donner des impressions fausses et dangereuses. Lorsque j'ai eu la faiblesse, par un excès d'amour pour toi, de te faire un immense sacrifice en t'abandonnant mes enfants, me figurant, dans un coupable aveuglement, que ce sacrifice, plus il était grand, me rendrait ton affection; entraînée par tes promesses à cet égard, j'ai commis, j'en conviens, une grande faute, j'aurais dû mourir avant d'y renoncer, et j'ai fait un bien faux calcul, car ce sacrifice, fait dans l'intérêt de mon amour, t'a donné une mauvaise opinion de mes principes et de mon jugement, de mon cœur, je le conçois; cependant je dois ajouter pour ma justification, que ma tendresse confondait tous nos droits en un seul. Je me croyais une portion de toi-même; il me semblait que tout devait être commun entre nous, et partagé et supporté à deux.

Maintenant, tu as établi une séparation complète entre nous; nous ne sommes plus que des étrangers l'un pour l'autre. Je me suis longtemps bercée d'illusions de retour, d'épreuves, que sais-je, moi? de toutes les possibilités en ce monde pour me figurer que c'était un temps à passer; que tu m'aimais et que tu me reviendrais; que tous tes mystères se dérouleraient par toi d'une manière naturelle et satisfaisante; enfin, tous les rêves de bonheur à

Commun, equally shared—*bercée*, flattered.

venir, je les ai faits longtemps avec confiance, puis longtemps encore avec espérance !

Maintenant... mais n'en parlons plus : il ne s'agit plus de bonheur ! Mais puisqu'il faut renoncer à toi, dont j'espérais le retour avec celui de mes enfants, il faut au moins que je sache à quoi m'en tenir. Ma vie n'est pas supportable ; elle est douloureuse, honteuse pour moi, et, ne t'y trompe pas, très fâcheuse pour l'avenir des enfants ; les choses ne peuvent pas durer ainsi plus longtemps. Ainsi, réfléchis, mais songe que je te supplie en grâce de me donner enfin une position convenable et un intérêt dans la vie !... Oh ! que tu es faible ! Tu en es arrivé à un point, que tu n'oserais faire une course avec ta femme et tes enfants, sans cette personne pour laquelle tu me reprends ce que tu m'avais donné dans les premiers jours de notre mariage : tu es tellement sous son joug, que tu n'oserais rien entreprendre sans elle ; tu trouverais inconvenant de la quitter un moment, et ta femme, la mère de neuf enfants, doit vivre et mourir seule !...

M'en tenir, what I am to understand—*faire une course,* to go out.

LETTRE XXII.

TROUVÉE DANS LE SECRÉTAIRE DE Mme. LA DUCHESSE DE PRASLIN, *à Praslin.—(Sans date).*

MON cher Théobald, je ne puis plus réellement avoir d'illusion ; je sens que ma tête se perd. Au nom de tes enfants, aie pitié de leur mère ; ne m'excite pas malgré moi, lorsque je suis déjà au désespoir. Pourquoi, si tu veux me fuir, mettre tout le monde dans la confidence ? n'est-ce pas déjà assez pour moi d'être isolée, abandonnée ; crois-tu que ce soit là du bonheur pour une personne qui t'aime, lorsque, après avoir passé mes nuits et mes matinées dans le chagrin, je parviens à prendre sur moi pour être calme ? Eprouves-tu un secret plaisir à parler devant tout le monde, sans cesse, de projets

---

Se perd, whirls about—*mettre dans la confidence*, to tell secretly—*parvenir à prendre sur soi*, to succeed in calling reason to my aid

qui doivent m'être d'autant plus pénibles si je t'aime, et si je sens qu'ils sont une punition ? Pourquoi me désoler sans cesse par une affectation continuelle de cachoteries pour des riens vis-à-vis de moi ?

Tu dis, mon ami, que tu veux me quitter longtemps pour m'aimer encore, davantage peut-être, pour perdre l'habitude des querelles ; ne sens-tu donc pas que plus je souffrirai, plus malheureusement mon caractère s'aigrira ? Je sens que la bonté me ramènerait ; mais, je te le jure, la douleur me fait perdre la tête. Pourquoi toujours chercher les sujets les plus douloureux pour moi ? Théobald, réfléchis-toi-même, mon ami ! trouverais-tu bien aimable, bien tendre, un mari qui ne parlerait jamais que d'abandon et qui affecterait des mystères de tout ? Que tu le fasses quand j'ai été aigre ou méchante, je le conçois ; mais qu'avais-je fait ce matin, mon ami, pour choisir tous les sujets les plus pénibles ? La plaie de mon cœur est au vif, mon ami.

Si quelquefois je parviens, en vue de te ramener, à engourdir mes souffrances, pourquoi y venir verser

---

Cachoteries, mysteries—*riens*, trifles—*fait perdre la tête*, to distract one—*aigre*, peevish—*méchante*, naughty—*plaie*, wound—*au vif*, to the quick—*engourdir*, to deaden.

toi-même des irritants? Mon ami, tu es si bon, tu me comprendras, j'en suis sûre; une fois emportée, hélas! je ne sais plus m'arrêter; par pitié, ne m'excite pas à te déplaire. Tu es poussé à bout, dis-tu; mon ami, si, lorsque tu voudras me revenir après être calmé, dis-tu, par un long abandon, crois-tu que si tu me trouvais habituée à cette indépendance, aigrie, dégoûtée par cet abandon, me refusant, comme tu le fais maintenant, à tout accommodement, crois-tu que tu ne souffrirais pas cruellement?

Il y a déjà maintenant, mon ami, des barrières infranchissables entre nous, à moins d'événements; maintenant à moins d'une véritable maladie de l'un de nous, il n'est plus possible, sans ridicule, sans inconvenance, sans une espèce d'aveu de réconciliation, et par conséquent de brouille à laquelle on attacherait des idées fâcheuses........*(La fin manque)*.

Irritants, irritants—*emportée*, carried away by passion—*pousser à bout*, to exasperate, drive to extremities.

LETTRE XXIII.

TROUVÉE DANS LE SECRÉTAIRE DE Mme. LA DUCHESSE DE PRASLIN, *à Praslin.—(Sans date).*

En quittant des lieux où j'ai été si heureuse et où j'ai tant souffert, où je croyais vivre toujours, où je laisse tout ce que j'ai de plus cher au monde, tous les objets sur la tendresse desquels j'avais fondé toutes mes espérances de bonheur, mon cœur se brise, Théobald ; mais il le faut, une mère doit à ses enfants de ne pas se laisser traiter comme une coupable, surtout lorsque rien dans sa conduite n'a jamais justifié l'éloignement dans lequel ils sont élevés d'elle.

Lorsque je n'y serai plus, peut-être enfin tes yeux s'ouvriront-ils et comprendras-tu que celle qui a fondé sa domination absolue en te brouillant avec la mère de tes enfants, en les habituant à fuir leur mère, n'était pas digne de les élever. Tu as craint l'influence de ta femme, qui t'a toujours aimé par dessus tout, et tu es le jouet de tous les caprices de cette femme sans principes, sans délicatesse.

Je ne te demandais qu'à rester ce que je devais être naturellement, ta femme, ta compagne, la mère de nos enfants ; elle t'a poussé à te séparer de moi, à lui donner ma place près de toi, près de mes enfants, dans la maison, et tu lui as cédé ; je te demandais de ne lui accorder que les égards dus dans toutes les maisons à une gouvernante ; tu as trouvé que ce n'était pas assez.

Elle t'a poussé à me maltraiter, à me chasser de chez toi, à briser tout chez moi, à me priver de mes enfants, à m'ôter toute autorité sur eux et dans la maison, et tu lui as cédé sur tout. D'un regard, d'un signe elle te fait agir, tu lui obéis. Tu crains qu'en voyant mes enfants je ne les indispose contre elle, que je ne la démasque, et l'idée ne t'est jamais venue qu'il était bien plus fâcheux pour des enfants d'être sans cesse avec une personne qui leur dit du mal de leur mère, qui les pousse à s'en moquer, à douter de son affection, de son intelligence, de sa réputation.

Oh ! quand j'avais tant de confiance en toi, tant de

tendresse que je te remettais tous mes droits pour tenir tout de toi, même la tendresse de mes enfants, ah ; que j'étais loin de te savoir si faible, si facile à aveugler ! Cette faiblesse, qui fait mon malheur, t'excuse à mes yeux ; sans cet incroyable aveuglement, tu n'aurais pas été, tu ne serais pas si cruel pour moi.

Adieu, Théobald ; si un sentiment de fausse honte t'empêche de jamais réparer tes torts vis-à-vis de moi, Dieu m'est témoin que je pars le cœur brisé, mais sans t'en vouloir, et en faisant des vœux pour ton bonheur. Je sais que, quels que puissent être un jour tes sentiments à mon égard, tes idées de dignité ne te permettront jamais d'être bien pour moi ; c'est donc seulement pour l'intérêt de mes enfants que je te supplie d'ouvrir les yeux : ils sont en mauvaises mains.

Adieu, adieu. Pitié pour mes pauvres enfants si mal dirigés !

LETTRE XXIV.

AUTRE LETTRE SANS DATE ADRESSÉE A SON MARI.

Vous ne serez pas étonné, Monsieur, qu'après une pareille insulte, je ne consente jamais à ce que la personne, à la mauvaise conduite de laquelle je la dois, reste sous le même toit que moi.

Vous êtes dans un aveuglement complet sur son compte ; pour votre propre compte, vous êtes certainement libre de faire ce qui vous convient, mais vous ne l'êtes pas de faire élever mes filles par une personne que je méprise comme sa honteuse conduite le mérite.

Depuis longtemps je sollicite une explication de vous ; j'ai fait tout ce que j'ai pu pour l'obtenir, vous me la refusez. Je vous demande donc, pour éviter de plus grands scandales, l'autorisation de faire un

---

Son compte, about her—*votre propre compte*, on your own account.

voyage. Durant ce temps, vous réfléchirez au parti que vous jugerez convenable de prendre.

Je ne resterai certainement pas *à Paris.* J'irai de suite *en Basse Normandie :* on dira que j'ai besoin des bains de mer, ce que vous voudrez ; mais, sous aucun prétexte, je ne resterai ici dans une semblable position, ni dans le monde.

Un jour viendra, Théobald, où vous rentrerez en vous-même, et vous sentirez combien vous avez été injuste et cruel envers la mère de vos enfants, pour complaire à une écervelée qui ne respecte rien.

Voici les papiers que vous m'avez confiés, j'ai la note explicative de ce qu'ils contiennent, je vais la copier au net pour vous l'envoyer.

Je partirai, si vous le jugez convenable, a près-demain ; voyez si vous pouvez me prêter une voiture ; je ne passerai pas par *Paris.* Vous m'avez traitée comme une coupable, je ne le méritais pas.

Que Dieu vous pardonne !

LETTRE XXV.

TROUVÉE DANS LE SECRÉTAIRE DE Mme. LA DUCHESSE DE PRASLIN, *à Praslin.—(Sans date).*

CHER Théobald, je me fais plus de reproches que tu ne peux te l'imaginer: je suis dans un état de découragement que je ne puis t'exprimer. Je sens, je vois, je sais tout ce que je devrais faire pour te rendre heureux; je le désire plus vivement que tu ne peux te le figurer; je ne songe même plus à remener les choses sur un pied qui serait mon bonheur personnel: c'est le tien seul que je veux, que je souhaite; j'en forme les plus fermes résolutions, mais un état d'exaspération que je ne puis contenir, m'emporte à faire des choses que je blâme moi-même, et, permets-moi de le dire, je suis aigre et méchante, par les mêmes motifs qui te faisaient rire et chanter il y a quelque temps, quand tu me voyais pleurer, et, malheureusement, je le vois, j'aggrave tous les jours mes torts, et, cependant, ils sont bien plus maintenant dans la forme que dans le fond.

Si tu savais comme je suis profondément affligée de te rendre ainsi malheureux ! mais, en vérité, je n'ai plus ma tête et je ne me connais plus : tout m'amusait, me plaisait autrefois, tu le sais, j'aimais à rester et le monde me plaisait ; cependant, le spectacle, une fête comme aujourd'hui me charmait ; eh bien ! tout me coûte, me pèse, m'attriste, me déplaît parce que je suis mal avec toi, et pour toujours, je commence à le craindre, à moins que tu n'aies pitié de moi.

Je suis dans un état trop violent pour qu'il puisse durer. Oh ! je tâcherai de me calmer ; mais, si tu savais ce que je souffre, tu m'en voudrais moins : je sens qu'en ce moment j'ai des droits à ta pitié et pas autre chose ; mais je te sais si bon que je m'y confie en toute assurance.

Un peu de patience, je t'en conjure, pendant un peu de temps encore avant de me repousser et désespérer de l'avenir de ton bonheur. Bientôt je serai calme, résignée, je te le promets ; maintenant, je suis dans un état trop violent pour être jugée pour toujours.

LETTRE XXVI.

LETTRE ADRESSÉE PAR Mme. LA DUCHESSE DE PRASLIN A SON MARI, ÉCRITE AU CRAYON, ET TROUVÉE DANS LE SECRÉTAIRE DU DUC DE PRASLIN, *à Praslin.*

Vous avez un talent rare et précieux pour empoisonner tout; tant que votre conduite n'a influé que sur le malheur de ma vie, j'ai dû me taire, je l'ai fait. Si vous prétendez avec vos demi-mots entrecoupés, vos menaces, faire entendre que je n'approuve pas plus publiquement que dans la maison, la conduite d'une personne que je méprise, et qui ne mérite pas plus votre confiance que la mienne, vous avez raison, car je trouve que c'est un scandale ignominieux que la présence, près de jeunes personnes, d'une femme qui s'affiche comme elle le fait.

Je sais très bien que vous avez d'autres liaisons; que ce n'est pas elle qui occupe votre vie; mais elle en a l'attitude: c'est là ce que j'ai le droit de réprouver. Je n'ai aucune prétention à m'immiscer dans votre conduite et vos affections particulières; mais ni les menaces ni les mauvais traitements ne m'empêcheront de vous répéter, comme j'en ai le droit, que vous vous trompez en mettant nos enfants dans les mains d'une femme qui ne tient pas à sa réputation et qui ne se respecte pas elle-même. Si par vos menaces, vous entendez me parler d'une séparation, vous devez vous rappeler que vous n'avez pas l'initiative.

Vous m'avez traitée, depuis des années, sans estime, sans égards. Vous êtes libre, mais vous élevez mes enfants dans l'éloignement, le mépris de leur mère; vous les abandonnez à une femme qui vous cajole et dont les principes sont corrompus.

Je vous trouve un peu singulier, je l'avoue, de vous exaspérer lorsqu'une fois, par hasard, je cherche à me sauver de cette odieuse vie que je mène. Vous cherchez à mon voyage de grands prétextes; tant que j'ai eu un mari, des enfants, une maison, j'étais heureuse et ne songeais pas à m'éloigner; maintenant que vous m'avez tout enlevé, j'avoue que je songe à me sauver de cet enfer; car, sachez-le bien, il n'y a pas d'expressions pour les chagrins que j'endure.

Cajoler, to flatter, coax.

LETTRE XXVII.

AUTRE LETTRE TROUVÉE DANS LE SECRÉTAIRE DU DUC DE PRASLIN, *à Praslin.*

Paris le 15 juin 1847.

Mon cher Théobald,

J'AI attendu jusqu'au dernier moment le résultat des promesses que vous m'aviez renouvelées, à mon retour d'Italie, de changer l'organisation de notre intérieur ; vous semblez l'avoir oublié, et je me vois obligée de vous dire que je ne pense pas devoir retourner à *Praslin* sans y rentrer pour exercer mes droits et remplir mes devoirs de mère et de maîtresse de maison dans toute leur étendue.

Le régime des gouvernantes nous a toujours fort mal réussi : il est temps, dans l'intérêt de nos enfants et de la dignité de notre intérieur, d'y renoncer.

Tant que mes filles ne seront pas mariées, j'habiterai partout au milieu d'elles, j'assisterai à toutes leurs occupations, je les accompagnerai partout.

Tous mes plans sont faits, et lorsque vous y aurez réfléchi, vous trouverez certainement autant de motifs de confiance pour l'éducation de nos filles dans les soins d'une mère que dans ceux d'une gouvernante. Des maîtres suppléeront aussi facilement à *Praslin* qu'à *Paris* aux leçons d'une gouvernante qui, d'ailleurs, a toujours eu recours à leur aide. J'ai tout prévu ; tout s'arrangera facilement.

Mon père, je le sais, a fait offrir à Mlle. D... une pension honorable et viagère. En se rendant avec ce moyen en Angleterre, ses talents et des protections lui procureront une position convenable plus facilement qu'à *Paris*.

Vous vous inquiéteriez à tort du chargrin qu'éprouveront vos filles ; il sera beaucoup plus court et beaucoup moins profond que vous ne vous le figurez ; j'ai des raisons certaines de n'en pas douter. Depuis longtemps vous vous êtes exprimé sur le compte de Mlle. D... de manière à ne pas laisser douter que vous aviez les yeux ouverts sur une grande partie, au moins, de ces graves inconvénients. Ce qui peut assurer le mieux d'une manière honorable sa retraite, c'est une pension de mon père, garantie par moi, et son voyage en Angleterre, qui expliquera d'une manière favorable un brusque départ.

Par délicatesse, j'ai d'abord cherché un appui dans votre famille pour vous ouvrir les yeux : après en avoir attendu en vain des années le résultat, je dois enfin me soumettre au désir bien légitime de mon père de vous parler au nom des véritables intérêts de nos enfants. Lorsque vous, mon appui naturel, m'avez fait défaut, je dois me laisser guider por mon père. Je ne doute pas que, les premiers ennuis passés, vous ne vous applaudissiez d'une crise qui ramènera l'ordre naturel dans notre intérieur.

S'il entre dans vos arrangements que Mlle. D... retourne à *Praslin* pour y chercher ses effets, j'attendrai, pour y aller, qu'elle en soit revenue ; si on doit seulement les lui envoyer à *Paris*, je partirai dès que vous voudrez pour *Praslin*. Après tous les bruits qui ont couru, je lui ai montré assez de bienveillance pour la réhabiliter, comme vous me l'aviez indiqué, autant qu'il dépendait de moi, pour la faire sortir honorablement. J'ai rempli ma tâche ; l'intérêt de mes enfants, celui de leur établissement, ne me permettent pas de prolonger plus longtemps, par résignation, un état de choses fâcheux pour tous.

Que la crainte de récriminations sur ces moments pénibles ne vous préoccupe pas ; il entrera dans mes vues autant que dans les vôtres de n'y plus revenir. Mon silence, sur des antécédents presque analogues, vous en est un sûr garant.

La première condition de la vie de femme, c'est la paix, la bonne entente ; c'est mon but, et il s'obtiendra facilement lorsqu'on ne travaillera pas à éloigner des enfants de leur mère et à régner par la division.

Ce n'est pas sans de mûres réflexions, ni sans l'assurance que je suivais l'avis de mon père, que je me suis décidée à prendre une résolution aussi sérieuse. Ce serait avec l'assentiment, j'en suis certaine, de mon oncle de Coigny, qui est pour moi le représentant de ma mère, si je n'avais pas évité jusqu'à présent de l'entretenir de si tristes détails. Mes vœux sont que tout s'arrange entre mon père, vous et moi, sans y faire intervenir d'autres conseillers.

Antécédents, past events, former pursuits.

Vous m'avez souvent exprimé, mon cher Théobald, le désir de voir les choses prendre une autre face, parce que vous sentiez bien les inconvénients de notre intérieur ; mais vous reculiez toujours. Maintenant je compte sur votre concours, comme dans toute ce qui touche au bonheur de nos enfants.*

FANNY SÉBASTIANI-PRASLIN.

Reculer, to draw back, postpone, defer—*concours*, consent, agreement.

* Cette lettre porte pour suscription : *Monsieur, le duc de Praslin.—Pressée.*

MES IMPRESSIONS

DE VENDREDI 17 JUIN 1847.

PIÈCES TROUVÉES DANS LE SECRÉTAIRE DE Mme. LA DUCHESSE DE PRASLIN, A PARIS.

17 juin 1847, Paris.

J'AI besoin de répéter à toutes heures que j'ai accompli un devoir sacré vis-à-vis de mes filles en consentant à joindre enfin, mes efforts à ceux de mon père pour renvoyer cette femme. Il m'en a bien coûté. Je hais l'éclat, mais enfin tout le monde me disait, et ma conscience aussi, que c'était mon devoir. Mon Dieu ! quel sera l'avenir ? Comme il est irrité ! On dirait en vérité qu'il n'est pas coupable ; peut-on s'aveugler à ce point ? Mon Dieu ! ne lui ouvrirez-vous donc pas les yeux ? Je ne puis m'expliquer qu'on arrive à s'endurcir à ce point.

K**

Il dit qu'il aime ses enfants, qu'il consacre son temps à leur éducation, il n'a pas assez de confiance en moi, leur mère. Il y a là une suspension de tout sens moral qui me confond. Tous ses instincts étaient bons cependant ; mais il était de caractère faible et paresseux d'esprit ; la matière l'a emporté, elle éteint, elle engourdit tout chez lui. Quelle vie que la sienne ! négligeant tous les intérêts de ses enfants, foulant aux pieds la morale, toutes les convenances, se lassant bien vîte de ses goûts, tantôt pour l'autre, et n'ayant cependant pas l'énergie de secouer leur joug. Chacune le tiraille, le fait agir, et en tire autant après que pendant la liaison.

Mon Dieu ! si vous ne daignez jeter un regard de miséricorde sur lui, son avenir est affreux, il s'enfoncera de jour en jour davantage dans ce bourbier, il y consumera sa santé, son intelligence, sa fortune. Et l'on veut élever ses enfants, ses filles, lorsqu'on mène une semblable vie ! Quelle est cette illusion aussi complète que son aveuglement ?

Il était las de cette femme depuis longtemps, mais

Tirailler, to pull at, torment—*bourbier*, mire, intricate position.

il en a peur ; c'est pour cela qu'il ne la renvoyait pas : c'est évident. Maintenant qu'on vient à son secours, son amour-propre se révolte ; c'est là son seul regret en ce moment, et en lui montrant de la douleur qu'il ne sent pas, il espère la calmer. Comme il était pressé hier d'aller à *Praslin* et de couper court de suite !

Oui, comme on me l'a dit, je lui ai rendu à lui aussi un réel service ; mais pour moi, jamais il ne me pardonnera ; il se vengera sur moi, jour par jour, heure par heure, minute par minute, de lui avoir rendu ce service, d'avoir eu raison quand il avait tort. L'abîme se creusera tous les jours plus profond entre nous ; plus il réfléchira, plus il se sentira coupable, plus il m'en voudra, plus il appesantira sa vengeance sur moi. L'avenir m'effraie ; je tremble en y songeant ; je me sens bien faible.

Mon Dieu, venez à mon aide ; donnez-moi la force de supporter ces nouvelles épreuves comme vous le voudrez, et de manière à attirer le plus de grâces possible sur mes enfants, sur lui, le malheureux ; Ah ! il me fait une cruelle vie ; mais je ne voudrais pas changer sa position avec la mienne.

Comme il est changé ! toujours triste, morose, mécontent de tout le monde, en méfiance contre chacun, s'irritant de toutes choses ! On voit que le remords réside là.

Moi qui l'ai tant aimé, j'ai peine à le reconnaître ; il me semble que ce n'est plus le même homme.

Voilà le fruit de l'absence de principes religieux, d'idées morales ; voilà le fruit du désœuvrement, de la paresse. Il valait mieux que cela ; il y avait le germe de bonnes choses en lui. Mais lorsque, dès l'enfance, on ne vous a pas inspiré une vue large et grande des choses, l'enthousiasme des grandes choses, la vie se passe à végéter jusqu'à ce que les facultés énervées déclinent et soient supplantées par la matière. Il souffre, on le voit ; il sent sa position, car tout me prouve qu'il veut l'éviter pour nos fils. Mais est-il en état d'élever des filles, qu'il ne faut approcher qu'avec une auréole de pureté et de pudeur ?

Les pauvres enfants, on les séquestrait, afin que leur ignorance des usages et des convenances ne leur fît pas apprécier les mauvais exemples qu'elles avaient sous les yeux. Il m'en veut et m'en voudra jusqu'à la mort, et cependant, je le connais, je suis sûre qu'il se dit qu'il eût fait comme moi, seulement plus tôt. Quels peuvent être ses projets pour notre avenir? De combien de chagrins non articulés il m'a menacée! Il me disait que j'avais gâté toute ma vie par cet acte. Eh! mon Dieu, franchement, il n'y avait rien à gâter. Je crois, en vérité, qu'il croyait par moment que j'aurais dû me trouver heureuse! Que veut-il dire aussi avec ses mystérieuses réticences sur ce qu'il prétend savoir sur mon compte? Il faut qu'on lui ait fait d'infâmes colomnies sur moi.

Ah! ma vie peut être mise au grand jour; mais si l'on s'est plu à me calomnier, vous seul, mon Dieu! pouvez faire éclater la vérité et la pureté. Ah! vous ne permettrez pas, Seigneur, que la calomnie vienne flétrir aux yeux de mes enfants une mère qui a déjà tant souffert! Mes enfants, que pensent-ils? vous seul, mon Dieu, le savez! Oh! éclairez leurs cœurs et leurs intelligences; qu'un rayon de votre lumière, esprit saint, fasse jaillir la vérité devant leurs cœurs! Qu'elles démêlent enfin les intrigues qui les ont éloignées de leur mére!

Mon Dieu! ayez pitié de ces pauvres enfants, livrées seules et sans conseils au milieu de ces agitations et de ces fureurs ; elles sont seules, mais venez à elles : vous y viendrez, mon Dieu ! vous soutiendrez leurs pas timides, vous éclairerez leurs intelligences incertaines, vous dirigerez leurs cœurs vers la vérité, vers leurs devoirs. Oh ! oui, Seigneur, vous aurez pitié d'elles, vous serez avec elles ; vous serez leur appui, leur conseil, leur guide ; et alors elles surmonteront toutes les difficultés ; elles, ces pauvres jeunes filles, timides et craintives, elles auront la prudence du serpent, le courage du lion, avec l'innocence de la colombe. Seigneur, vous ne refuserez pas à une mère d'être le guide des enfants que vous avez permis qui lui fussent retirés pour l'éprouver.

Mon Dieu, mon Dieu, que votre sein soit leur réfuge, que vos bras les entourent, que votre main les guide, que votre lumière pénétre leurs esprits et leurs cœurs ! mettez dans leurs bouches les paroles qui en doivent sortir ; mettez dans leurs cœurs les sentiments qui doivent les diriger ; agissez en elles, pour elles, ô mon Dieu !

Vous m'avez ôté mes enfants, mais vous les protégerez, vous serez leur mère et vous les guiderez dans la voie droite qui mène à vous ; vous serez leur père, et vous éclairerez leur intelligence ; vous serez leur mère, et vous les consolerez au jour de l'affliction ; vous serez leur père, et vous les fortifierez au jour de l'adversité ; car le plus faible est le plus fort quand vous êtes avec lui.

Mais leur père, mon Dieu, ne l'abandonnez pas, faites entrer la lumière dans son esprit, le repentir dans son âme, et alors, mon Dieu, ouvrez les bras à son repentir, fortifiez-le, soutenez-le pour qu'il ne retombe pas. Hélas ! mon Dieu, il est aveugle et ne sait ce qu'il fait. Mon Dieu, vous exaucerez ma prière, car j'ai mis ma confiance en vous ; vous me soutiendrez, car je suis faible, et sans vous je succomberais.

Vous le savez, mon Dieu, il n'entre pas de vengeance ni d'animosité dans mon cœur, et c'est avec ferveur que je vous ai demandé et que je vous demande le salut et le retour à de meilleurs sentiments de ceux qui m'ont fait tant de peine. Vous le savez, si j'ai pris un parti qui paraît dur, à mes enfants, à leur père, c'est parce que j'ai vu que c'était mon devoir. Ah ! j'aurais voulu, en la renvoyant d'une main à cause de mes enfants, lui tendre l'autre pour moi, et lui dire que je lui pardonne et ne lui en veux pas. Ah ! qu'elle revienne à de meilleurs sentiments !

Merci, mon Dieu, d'avoir éteint en moi le sentiment de rancune au milieu de mes chagrins ! c'est une grande consolation ! conservez-la mon Dieu, et soutenez-moi dans les nouvelles épreuves qui m'effraient tant. Mais vous serez-là, mon Dieu ; ne m'abandonnez pas, agissez en moi.

Merci, mon Dieu, d'avoir mis en moi la confiance en vous ! laissez-moi ce bien précieux. Que deviendrais-je si vous m'abandonnez ?

Rancune, hatred.

MES IMPRESSIONS.

(Suite).

PIÈCE TROUVÉE CACHETÉE DANS LE SECRÉTAIRE DE Mme. LA DUCHESSE DE PRASLIN, *à Paris.*

13 juillet 1847.

Il y a longtemps que je n'ai écrit, et rien n'est changé depuis. Elle doit partir, dit-on, lorsque nous irons à *Praslin*, et en attendant, son empire s'exerce toujours le plus absolu. Père et enfants, elle tient tout en charte privée ; je comprends assez son jeu, si elle a décidément toute honte bue, mais lui, je ne puis m'expliquer sa conduite. Il crie à la calomnie, mais il convient que les apparences étaient mauvaises, et ces apparences, tous les jours il les rend plus fâcheuses, il donne plus de matière à toutes les interprétations scandaleuses. Il prétend qu'on calom-

---

Charte privée, under control—*bue,* drunk up, *for* braved.

nie ses relations, et il affiche publiquement sa rupture entre lui et mon père à cause d'elle; il rompt avec nous, et il ne la quitte pas. Il n'y a pas de caractère d'homme plus énigmatique: est-ce excès de corruption, est-ce excès de faiblesse? Excès de faiblesse, est-il possible que cela puisse aller jusqu'à fouler aux pieds à ce point les intérêts de ses enfants?

Comment! il aurait donc si peur de cette femme, qu'il n'ose pas, tant qu'elle est dans la maison, rendre des enfants à leur mère, avoir des égards pour sa femme? Qui lui a donné cet empire sur lui? cela n'est pas naturel: il faut qu'elle ait un moyen de lui en imposer par des menaces. Pauvre homme! je le plains réellement; quelle vie il mène, quel avenir il se prépare! s'il se laisse ainsi dominer et tirailler par des intrigantes, à quarante-deux ans, que sera-ce en vieillissant? Comme je l'aimais, cependant! faut qu'il soit bien changé par toutes ces mauvaises espèces; car, en voyant ce qu'il est maintenant, je ne puis me rendre compte de ce qui m'avait inspiré cet amour si passionné.

Ce n'est plus le même homme: comme il s'est

En vieillissant, as he grows old.

éteint l'esprit, retréci le cœur ! comme il est devenu soucieux, ennuyé, irritable. Rien ne l'anime, rien ne l'exalte ; tous les sentiments généreux, passionnés, enthousiastes, n'ont pas l'air de vibrer dans son cœur, dans son esprit. Position, fortune, il avait tout ce qui pouvait lui donner une existence utile, heureuse, honorable. Tout est galvanisé : il ne s'intéresse plus à rien, ni pour son pays, ni pour ses enfants : il tient compagnie à des gouvernantes ; il est leur *cavalier servante* jusqu'à ce qu'il devienne leur esclave.

En vérité, je crois qu'il ne tenait plus à garder mademoiselle D. (qu'il n'aime plus depuis dix-huit mois ou deux ans) que parce qu'il a peur qu'elle ne lui rende la vie trop dure, une fois hors d'ici. Mon Dieu, quelle existence ! Ce qu'il y a de curieux, c'est que je suis sûre qu'il croit fermement que c'est par amour et par jalousie de lui que je voulais le départ de Mlle. D... Il ne veut pas comprendre que mon mobile est et sera toujours maintenant mes enfants. Il croit que c'est un dépit amoureux que j'ai, et cela le flatte : c'est singulier ; mais je ne doute pas que s'il n'avait pas cru mon amour inextinguible, il aurait

---

Mobile. fixed idea, purpose, object.

agi avec plus de ménagements, il eût été moins indigne pour moi. Quelle illusion! quel excès d'amour-propre! Il est peut-être possible de conserver de l'amour au fond du cœur pour un homme qui vous traite comme il m'a traitée, si d'un autre côté cet homme excite notre admiration, s'élève à nos yeux par de grandes actions, par de grandes œuvres; mais un homme terre à terre, un homme ordinaire, mais on ne l'aime que s'il est bon, s'il est juste, s'il est consciencieux, s'il vous rend la vie douce. Il n'est pas nécessaire de faire de grandes choses, mais il faut savoir les sentir, les admirer, s'y intéresser.

Je ne puis dire à quel point cet esprit de dénigrement et d'ennui de toutes choses, cette impossibilité de se prendre à rien vivement, m'a totalement découragée de lui. Je le croyais si différent; oh! il devait l'être; je n'aurais pu l'aimer s'il avait toujours été ce qu'il est. Certainement il y avait de l'étoffe dans son cœur, dans son intelligence; mais le défaut de principes fermes, de morale et de religion, et sa paresse d'esprit ont laissé prendre le dessus aux passions matérielles. Avec tout cela, vouloir élever ses filles! Comme il s'est laissé isoler! il n'a pas un ami sérieux, réel ; il n'a de liaisons que celles que les plaisirs font naître, et qui deviendraient des chaînes à cause de sa faiblesse lorsqu'il voudrait s'en détacher. C'est affreux, il traîne, comme des boulets après lui, l'exigence des femmes avec lesquelles il a eu des rapports. Comme les hommes sont bizarres cependant! maltraitée, abandonnée pour des personnes qu'il n'aimait pas. Moi, je n'ai aimé que lui, et avec une passion inouïe, une ardeur qui m'étonne, et maintenant je ne sais, mais peut-être au fond de son cœur me préfère-t-il à ces femmes qu'il méprise et qu'il craint; et moi, moi, je suis bien désenchantée de lui. Il sera toujours mal pour moi maintenant : il sent trop bien l'étendue de ses torts; il est rancuneux, et ne saurait comprendre que je puisse pardonner et oublier.

Mon mérite ne serait pas si grand qu'il le croit, je ne puis être jalouse que lorsque j'aime, et puis je pardonne facilement; et depuis que mes sentiments sont changés, je ne lui en veux plus qu'en raison du tort qu'il fait à mes enfants. Notre position est

Rancuneux, bears malice, spiteful.

bien bizarre et bien triste : pendant qu'il a couru les plaisirs, moi j'en ai été complètement sevrée ; mon amour s'est éteint dans les larmes, et je n'ai... Comment tout cela finira-t-il ? Je ne crois pas que ce soit jamais par une complète réconciliation, comme ce serait désirable pour nos enfants.

Il me fuira toujours, parce qu'il se sent des torts, et moi je ne le chercherai guère que par devoir pour mes enfants. Un sentiment de pudeur m'empêchera toujours de faire des avances à un homme, même mon mari, lorsque je doute de mon amour pour lui.

Mon Dieu ! vous seul savez ce que j'ai souffert de privations de cœur et de tous genres ; si je n'ai succombé aux tentations, gloire à vous, Seigneur ! vous êtes mon appui, ma force, oh ! ne m'abandonnez pas maintenant, car sans vous je succomberais. Mon Dieu ! mon Dieu ! soutenez-moi, dirigez-moi ; j'ai peur de l'avenir, des menaces qu'il m'a faites, des difficultés qui s'élèveront tous les jours ; mais vous serez là, mon Dieu, et j'en ai la confiance, vous soutiendrez la pauvre mère à qui vous avez donné la force de lutter pour ses enfants. Seigneur, secourez-moi.

Sevrée, debarred from them, or, weaned.

LETTRE XXVIII.

DE M. LE MARÉCHAL SÉBASTIANI AU DUC DE PRASLIN.

Vous m'avez déchiré le cœur. Vous avez attribué à mon insensibilité d'avoir fermé ma maison à vous, à vos enfants. Vous êtes obligé de me rendre justice. J'ai tout fait pour éviter cette séparation qui vous coûte tant. J'ai pris sur moi tout l'odieux de fermer les yeux, d'avoir l'air de ne pas croire à tout ce que les journaux avaient répandu dans le public, de tout ce qui se disait dans Paris, et, pour prix d'une conduite aussi généreuse, vous venez de m'adresser les reproches les plus sanglants et les plus immérités.

J'ai n'ai jamais parlé de Mlle. Deluzy avec personne. Je suis prêt à lui donner tous les témoignages qui sont dans son intérêt ; mais, soyez juste, et ne me demandez pas des choses impossibles. Je ne vois pas ma fille pour ne pas vous indisposer contre elle. Vous êtes le premier à me priver d'être avec mes petits-enfants. Je ne mérite pas d'être traité ainsi. Voyez les intérêts de ces jeunes personnes et écoutez-les. Vous ai-je jamais rien fait qui puisse m'attirer un pareil traitement? Mais vous êtes hors de vous-même, et je vous excuse. Ecoutez votre cœur, qui est bon, et qui doit me rendre justice.

H. SÉBASTIANI.

P.S. Lorsque vous serez vieux comme je le suis, vous vous ferez des reproches d'avoir été dur pour moi.*

---

* Cette lettre était renfermée dans une enveloppe portant cette adresse : *M. le duc de Praslin.*

LETTRE XXIX.

DE Mme. LA DUCHESSE DE PRASLIN A Mlle. DE LUZY.

Praslin, 25 août 1846.

“ JE ne veux pas différer un moment, mademoiselle, de vous remercier de votre aimable lettre, qui m'a fait un vif plaisir, et que, loin de trouver longue, j'aurais voulue de plus du double. Je l'ai eue ce soir, et en vérité je ne vous cacherai point qu'il était temps que les lettres m'arrivassent, car ma tête et mon cœur s'en allaient grand train à la suite de ce long silence.

Il parait que tout le monde s'en apercevait, car figurez-vous que c'est le facteur qui, à sept heures du soir, spontanément et de sa propre inspiration m'a apporté votre lettre et celle de Berthe.

Grand train, at a tremendous rate—*à la suite*, in consequence—*figurez-vous*, only think—*facteur*, postman.

Louis faisait une course dans Melun, qui l'avait attardé pour passer à la poste: on a cru que je n'enverrais plus aujourd'hui, et notre pauvre piéton, se trouvant au bureau, et apercevant le timbre de Torino, oubliant sa fatigue de la journée, au lieu de se reposer, a repris ses jambes à son cou, et, toujours courant, a apporté en triomphe les lettres à Praslin.

"Vous voyez qu'il est bon d'avoir des amis partout, et cela vous donne aussi la mesure de l'anxiété qu'on me voyait. Enfin,

All is well, that ends well.

Pauvre Louise aura reçu une lettre bien maussade de moi, par l'entremise de madame Garneslon; j'espère qu'elle m'excusera. Ce matin, nous avons entendu la messe à la chapelle pour la Saint-Louis. Mes petites sont charmantes pour moi, et depuis huit heures et demie du matin jusqu'à neuf heures et demie du soir nous ne nous quittons pas. Le soir, je leur lis des pièces de Molière, qui les ravissent. L'intelligence de Marie se développe beaucoup. Je

---

Course, an errand—*attardé*, delayed—*piéton*, walking postman—*bureau*, post-office—*timbre*, post-mark—*prendre ses jambes, &c.*, to set off running—*la mesure*, an idea—*maussade*, dull—*entremise*, through—*ravissent*, please much.

suis bien étonnée que vous ne trouviez pas de changement dans ses manières ; il y en a cependant un bien remarquable dans ses lettres, à la fois si soignées, maintenant et si expansives. Je vous remercie mille fois des détails que vous me donnez.

" Je compte bien sur votre obligeance pour continuer à me donner quelques directions et renseignements. Mes petites se faisaient une fête de la distribution des prix chez les sœurs,* et moi de les y conduire ; mais il faut y renoncer. Le curé de Cresenoy me l'a fort conseillé : il y a une espèce d'épidémie à Maincy, et la mortalité sur les enfants et sur les vieillards est très-considérable, tandis qu'à Moisenay, c'est sur les femmes qu'elle sévit. Nous vivons complétement enfermés à Praslin, mais non renfermés, je vous assure. Quand il fait beau, le moins que nous passons dans le parc c'est quatre heures. Nous faisons très-bon ménage dans la solitude, mes chères petites et moi.

" Voici une lettre dont je suis honteuse, et que

Compter, to rely—*renseignements*, details, particulars—*se faire une fête*, to look forward with pleasure—*sévir*, to destroy, kill—*enfermés*, shut up. confined—*renfermés*, locked up—*faire bon ménage*, to agree together.

* *Sœurs*, at the convent.

certainement je ne relirai pas, car je sens que je n'aurais ni le courage de l'envoyer, ni celui de la recommencer à l'heure qu'il est, et demain, avec l'arrivée des *Breteuil*, après-demain avec celle des *Praslin*, je n'aurais pas une minute pour vous remercier et vous prier de continuer à être assez bonne pour m'écrire bien des détails, et soyez sûre que ce que vous trouverez trop ne sera pas assez pour moi. Le conseil général est le 14 : je pense bien que M. de Praslin le brûlera ; à sa place je n'y manquerais pas.

Vous dites que Louise et Berthe parlent de moi souvent avec Isabelle ; c'est peut-être pour me faire plaisir que vous me l'écrivez ; en tous cas, vous avez complétement réussi, car j'en ai pleuré de joie.

Encore une fois, ma chère demoiselle, mille fois merci du fond du cœur de votre lettre qui, j'espère bien, ne sera pas la dernière.

SÉBASTIANI-PRASLIN.

Conseil-général, meeting of magistrates, county-meeting, sessions.

LETTRE XXX.

DE Mme. LA DUCHESSE DE PRASLIN A Mlle. DELUZY.

"S'IL est défendu de se coucher sans être réconciliée avec son prochain, il me semble qu'une nouvelle année doit avoir plus forte raison pour mettre fin à tous les sentiments et oublier tous les griefs.

C'est donc de bon cœur que je vous tends la main, mademoiselle, et vous demande d'oublier, pour bien vivre désormais ensemble, tous les moments pénibles que j'ai pu vous occasionner, et vous promets aussi de passer une éponge sur les motifs qui, en me blessant, m'y avaient excitée. Chacun a ses torts en ce monde, et je suis bien tentée de croire que c'est trop heureux. Cela doit rendre plus indulgent mutuellement et faciliter les réconciliations.

Défendu, forbidden—*griefs*, grievances, injuries—*passer une éponge*, to wipe off.

“Je suis bien convaincue de votre attachement sincère et tendre pour mes enfants, et, croyez-moi, personne n'est plus que moi disposée à la reconnaissance et à l'affection pour les personnes qui se consacrent à eux, si je ne suis pas blessée au cœur par la pensée qu'on les détache de moi; vous le savez comme moi, c'est l'habitude qui attache, et surtout les enfants; en ne voyant pas leur mère, elle perd sa place dans leur cœur comme dans leur vie; ils finissent par douter de son affection, bien heureux si plus tard leur estime et leur confiance n'en sont pas ébranlées. Certes, ce n'est pas là votre but, car vous devez sentir qu'il serait un jour aussi pernicieux pour les enfants qu'il est douloureux pour la mère de détruire les liens les plus sacrés.

“De picoteries en picoteries on arrive à faire des choses qui sont, en commençant, bien loin de la pensée. Si, au lieu de s'exciter sur les défauts qu'on se reconnaît mutuellement, on les ménageait réciproquement, je crois que chacun en ce monde ferait un bon marché. Il ne s'agit que d'être bon cocher

---

Picoteries, bickerings—*ménager*, to have regard for, to be charitable to others.

et de faire le tour des tas de pierres, au lieu de passer dessus; pour ma part, je confesse que j'accroche souvent. J'avais, depuis longtemps, formé le projet de vous écrire pour tout renouveler avec l'année; c'est donc avec un double plaisir que j'ai reçu votre charmant ouvrage ce soir, puisqu'il m'a donné la preuve que vous étiez aussi disposée à mettre fin à un état de choses qui, j'en ai la conviction, ne peut être que fâcheux pour les enfants, vous mettre vous-même dans une position souvent fausse et désagréable, et moi, me placer dans une position bien cruelle pour moi, qui vis si isolée depuis quelque temps de mes affections les plus chères, au milieu desquelles j'étais si heureuse! J'envisageais avec tant d'ardeur le moment où mes filles seraient grandes, et, je l'avoue, je souffre bien de les voir ce qu'elles sont pour moi. Mais en voici bien long pour dire qu'il faut que nous tâchions de perdre un faux pli, de peur d'en prendre un autre, et vous prier de recevoir et porter ce gage d'une nouvelle alliance, à laquelle j'espère que vous consentirez."

Faire le tour des tas de, &c. to cut a figure of eight, driving four in hand, *(idiom)—accrocher*, to run against—*faux pli*, a wrong position.

LETTRE XXXI.

DE LA DUCHESSE DE PRASLIN A M[lle.] DELUZY.

19 juin 1847.

Mademoiselle,

JE regrette vivement que vous soyez souffrante, et que, dans cet état, vous ayez pris la fatigue de m'écrire pour une chose que vos soins pour mes enfants ont rendue si naturelle. Si des circonstances graves pour leurs intérêts ont précipité un événement que je regardais, il y a peu de jours encore, comme devant être assez éloigné, ne doutez pas que je n'en cherche qu'avec plus de zèle à saisir toutes les occasions de vous être utile, et que je serais heureuse que vous m'en indiquiez les moyens.

J'ai entendu dire que vous vouliez aller voir lady Hislop ; dans ce cas, je vous offrirais une lettre pour lady Tancarville, qui s'efforcera, j'en suis certaine, à seconder vivement lady Hislop dans toutes ses démarches pour faire réussis vos projets. S'il vous était agréable d'avoir aussi des lettres pour madame de Flahaut et miss Elphinston, disposez entièrement de moi.

Je me suis rappelée que vous m'avez demandé de vous prêter un livre en arrivant à Praslin ; j'espère que vous ne me refuserez pas d'accepter ce petit souvenir, que j'aurai grand plaisir à vous offrir.

Je tiens à répéter, mademoiselle, que je saisirai avec empressement toutes les occasions qui se présenteront, et celles que vous voudrez bien m'offrir, de vous être utile en toutes circontances.

PRASLIN.

LETTRE XXXII.

ADRESSÉE PAR Mlle. DELUZY A Mme. LA DUCHESSE DE PRASLIN.

Madame la Duchesse,

J'AURAIS voulu vous exprimer de vive voix les sentiments qui m'animent ; mais je sens que, dans les circonstances présentes, ce serait une tâche au-dessus de mes forces.

Permettez-moi de remettre à une époque plus calme et plus heureuse les remerciments que j'ai besoin de vous adresser moi-même pour la générosité avec laquelle vous remunérez de faibles services. Au moment de quitter des enfants auxquels j'avais voué la plus vive tendresse, je trouve dans le témoignage de votre satisfaction une puissante consolation.

J'accepte avec reconnaissance les offres de recommandation que vous voulez bien me faire, et je m'empresserai, madame, d'y avoir recours, aussitôt que les circonstances le rendront opportun pour moi.

La santé de mon grand-père, très-chancelante depuis plusieurs mois, me fait un devoir de me rapprocher de lui en ce moment.

Je vous demanderai la permission de vous mettre plus tard au courant des démarches que je croirai devoir faire, et je vous prie, madame, de vouloir bien agréer l'assurance de mon profond respect.

H. Deluzy.

Chancelante, tottering, declining—*mettre au courant,* to inform one—*démarches,* steps, movements, endeavours—*agréer,* to accept.

FIN.

Printed by Fenwick de Porquet, 11, Tavistock Street, Covent-Garden.

The principal features of this edition, it is modestly presumed, will be hailed by natives and teachers of French as a great ***desideratum***, viz., the ***fixed*** or ***marked*** pronunciation of all such words only, the right sounding of which has been frequently considered unsettled, or ***not adhered to*** generally by natives themselves, who ***differ*** with the opposite men of the North and South, East and West of France.

The greatest precision has been observed in the settling of those differences of opinion by consulting the first of authorities, viz.,

L'Académie	La Chaire
Le Théâtre	La haute Société

Words used ***familiarly*** have been distinctly marked out, as also those considered ***popular***, ***vulgar***, ***obsolete***, or ***seldom used*** in the present century, although met with in the literary compositions of the last.

Many Infinitive moods, at least those mostly in common use, are followed by their participles, ***present*** and ***past***, a great assistance to the generality of students.

Of words appertaining to the arts and sciences, only the *most essential part of them has been preserved*, in order to make room for the *Idiomatic phrases*, used in the ***spoken*** *language*, and which hitherto never were embodied, but in large and expensive works.

The whole forms a neat pocket-volume of 700 pages, being about 350 pages for each part, printed with a beautiful and clear nonpareil type, (cast for this edition,) on a fine paper, made expressly for the work.

The French-English part may be had in a separate volume, elegantly bound and lettered, gilt-edged, price only 3*s*. 6*d*. pp. 350. Forming a useful *vade-mecum* for the traveller, the scholar, or the general reader of French Works.

Contents of Part I.

I. The French-English Lexicon with Idioms under each head of either Verbs, Adjectives, or Nouns.

II. The pronunciation when uncertain.

III. A Mythological and Baptismal Lexicon.

IV. A Geographical Nomenclature.

Contents of Part II.

I. The English-French Lexicon, with the tonic accent placed on the English words, *a very useful help to foreigners.*

II. A Nomenclature of Proper Names.

III. An Alphabetical List of Kingdoms, Cities, &c.

IV. The French and English Coinage.

V. A Table of *Pounds* Sterling, shewing their relative value in *Francs* from one to one million.

VI. A Table of *Francs,* shewing their value in *Pounds* sterling, from one to one million.

The English-French part may also be had separately, with the French Coinage handsomely bound, price 3*s*. 6*d*.

⁂ *A liberal allowance to Schools and Private Teachers.*

[See Specimen page on the other side.]

Foyer, *sm. hearth; heat; tiring-room; green-room; focus; light-house; home; habitation*
Foyers (ses), *sm.p. one's home*
— (rentrer dans ses), *to return home*
Frac *ou* Fraque, *sm.* [-k], *frock-coat; military buttoned up coat* (obs.)
Fracas, *sm.* [-â-], *crash; clatter; noise*
Fracassé, e. *a. & pp. broken, shivered*
Fracasser, *va. to break in pieces*
Fraction, *sf. fraction; breaking*
Fractionnaire, *a. fractional*
Fractionner, *va. to reduce to aliquot*
Fracture, *sf. fracture* [*parts*
Fracturé, e. *a. & pp. broken; split*
— (os), *chi. a broken bone*
Se —, *vr. to break one's limb*
Fragile, *a. frail; brittle*
Fragilité, *sf. —ty, frailty; brittleness*
Fragment, *sm. a fragment; a scrap*
Frai, *sm. spawning of fish, fry of fish*
Fraîchement, *ad. coolly; newly*
Fraîcheur, *sf. coolness; freshness*
—, *ma. light airs* or *winds, steady*
Fraîchir, *vn. ma. to freshen* [*breeze*
Frais, Fraîche, *a. cool; fresh; new; recent; ruddy; vigorous*
Frais, *sm. cool; coolness; fresh air*
—, *ma. breeze, gale*
—, *pl. charges, expenses; cost*
—, *ad. fresh; newly; coolly*
— (à grands), *ad. very expensively*
— faits (tous), *ad. clear of all charges*
— (faux), *sm.p. idle, sundry expenses*
— (œuf), *sm. a new laid egg*
— (prendre le), *to enjoy the cool of the evening* [*gin anew*
— (recommencer sur nouveaux), *to be-*
— (se mettre en), *to put oneself to expense*
Fraise, *sf. a strawberry; ruff; drill*
— de veau, *calf's pluck*
Fraisier, *sm. strawberry plant*
Fraisil, *sm.* [-zil], *cinders; coal-dust*
Framboise, *sf.* [o-a], *raspberry*
Framboisier, *sm.* [o-a], *raspberry-bush*
Franc, *sm. French coin of twenty sous, ten English pence*
Franc, Franche, *a.* [-an-], *free; frank; sincere; open; true; very; mere,*
— (un jour), *the whole day* [*arrant*
Franc, *ad.* [-an], *plainly; freely; sincerely* [*ship's bottom*
Franc-bord, *sm. ma. planks of a*
Franc de port, *ad. post-paid*
Franc-maçon, *sm. freemason*
Franc-maçonnerie, *sf. freemasonry*
Franc-parler, *sm. freedom of speech*
Franc-tenancier, *sm. ju. a freeholder*
Franc-tillac, *sm. ma. lowermost deck*
Français, e. *a. & s. the French; a Frenchman* [*openly*
Franchement, *ad. plainly; freely;*
Franchi, e. *a. & pp. leapt; overrun*
Franchir, *va. to leap over; overrun; pass across* or *over*
Franchise, *sf. sincerity, candour, franchise; privilege; immunity;*
Franciser, *va. to frenchify* [*freedom*
Frange, *sf. fringe; border; trimming*
Franger, *va. to fringe; to trim*
Frangier, e. *s. a fringe-maker*
Frangipane, *sf. cream and almond cake; perfume*
Franque (la langue), *a. mixed language; Lingua-Franca* [pop.)
Franquette (à la bonne), *ad. frankly;*
Frappant, e. *a. striking; affecting*
Frappé, e. *a. & pp. struck, knocked; iced; stamped*
— de glace (vin), *iced wine* [*hands*
Frappement de mains, *clapping of*
Frapper, *va. to strike; smite; knock*
— de la monnaie, *to stamp money*
— des mains, *to clap, strike*
—, *ma. to lash; seize, fix*
Frappeur, se. *s. striker* (fam.)
Fraque, *sm. frock-coat* (obs.)
Frasque, *sf. a silly prank* (fam.)
Frater, *sm. a barber; an unskilful surgeon* (obs.)
Fraternel, le. *a. fraternal, brotherly*
Fraternellement, *ad. brotherly*
Fraterniser, *va. to live like brothers; fraternize; be familiar; celebrate*
Fraternité, *sf. fraternity, society, brotherhood; brotherly love, union*
Fratricide, *sm. fratricide*
Fraude, *sf. fraud, deceit, cheat*
Fraudé, e. *a. & pp. cheated*
Frauder, *va. to defraud; cheat*
— les droits, *to smuggle*
Fraudeur, *sm. defrauder; cheat*
— de douane, *a smuggler*
Frauduleusement, *ad. fraudulently*
Frauduleux, se. *a. fraudulent; crafty*
— se (banqueroute) *a fraudulent bankruptcy* [*paved, cut*
Frayé, e. *a. & pp.* [-ï-é], *chalked out;*
— (un chemin), *beaten track* [*graze*
Frayer, *va. to open; chalk out; show;*
Frayeur, *sf.* [-ï-e-], *fright; dread; fear*
Fredaine, *sf. a prank; frolic, folly*
Fredon, *sm. trilling; quavering*

SCHOLASTIC AGENCY

DEPARTMENT.

Mr. Fenwick de Porquet informs the Nobility, Gentry and Heads of Schools, that they may be at all times supplied with Governesses, Teachers, and Junior Assistants, *free of charge*, by applying either personally between the hours of 11 and 4, or by letter *(post paid*, enclosing stamps for the answer), addressed 11, Tavistock Street, Covent-Garden.

The long intercourse Mr. F. de P. has had with the teachers of this country enables him to select with the greatest precision such persons as will be acceptable to those who may honour him with their commands: whilst the approval of his conducting such business by some of the highest families in these kingdoms during the last fourteen years, may be a sufficient guarantee to those who have not yet availed themselves of his assistance.

Families visiting London will find an application to Mr de P. useful, as extensive lists are kept by him of Professors and Teachers in all branches of education, residing in every locality of the Metropolis, and consequently more convenient for occasional attendance, and at very moderate charges.

By Masters, Principals of Ladies' Schools, and Heads of Families, residing at a distance from the Capital, his services can also be made available by letter.

A List of Instructors.

English Governesses .... daily or resident.
French Masters, ...(natives,) ....ditto.
Ditto, ...(English,) ....ditto.
French Governesses, ...(natives,) ....ditto.
Ditto, ...(English,) ....ditto.
Italian Governesses,......(natives,) ....ditto.
German Masters, ...(natives,) ....ditto.
Spanish Teachers, ...(nàtives,) ....daily.
Teachers of Latin, Greek, ... daily or resident.
Graduates of Oxford and Cambridge,........ditto.
Teachers of Modern Greek, ...ditto.
Ditto Hindostanee, ...daily.
Ditto Mathematics, ...ditto.
Ditto Writing, use of Globes, &c. ......ditto.

Daily Governesses, ... English.
Ditto ditto .... French.
Ditto ditto .... German.
Ditto Tutors, ... English.

Teachers of English Composition.
Ditto Perspective.
Ditto Piano, (male or female).
Ditto Singing, ditto.
Ditto Flute.
Ditto Giutar.

Private Tutors .... English.
Ditto ditto .... Foreign.

Teachers of Music (females) for Schools, either resident or daily,

---

Dancing Masters.

Teachers of the Calisthenic Exercises.

Daily Lessons in any of the above at from 2s. 6*d.* *to* 21*s.*

SELECTION OF A SCHOOL.

Parents and Guardians desirous of selecting a good establishment for education, adapted to their position in society, or suitable to their means, can apply personally to Mr. F. de P., who will recommend such only as are well deserving public patronage, and known to be unexceptionable for the moral and physical care of the youth entrusted to them.

It may not be improper to remark that—however deeply impressed with a sense of gratitude to upwards of 10,000 persons connected with tuition, who have adopted his Elementary Works—yet Mr. F. de P. stedfastly adheres to one grand principle, viz. the conscientious recommendation of parties well known to him, *without interest or reward.* He professes to be an Author of Works on Education, and in devoting a portion of his time to Scholastic Business, does not come under the denomination of a *paid Agent.*

Schools on the Continent.

Prospectuses of such as are considered the best establishments may be had on personal application, or by letter, on giving or sending a card of address, for schools in

Paris
Villiers le Bel, near Paris
Boulogne
Calais
Dieppe
Caen
Rouen
St. Omer
Amiens
St. Malo
Orleans
Blois
Geneva
Brussels
Metz
Frankfort
Hamburgh
Hanover
Jersey

COMPANIONS.

Mr. F. de P.'s Lists contain the names of several well informed Ladies, of suitable age, who are desirous of meeting with Situations as Companions or Chaperons. These are mostly persons who have moved in a superior sphere; but, though educated as gentlewomen, are not eligible for the situation of governesses.

PRINTING

IN ENGLISH, FRENCH, GERMAN, &c.

M. F. de P. respectfully announces that for some years he has maintained a PRINTING ESTABLISHMENT for the purpose of having his own Works executed under his immediate inspection; he can therefore undertake the printing of School-Circulars, Sermons, or any Manuscripts entrusted to him, with neatness, accuracy, and care, on very liberal terms.

GERMAN WORKS.

THE GERMAN TRÉSOR; or, the Art of Turning easy English into German at Sight. The readiest mode of learning German without a master. Fourth edition, 4s. A KEY, for self-tuition, 3s. 6d.

THE FIRST GERMAN READING BOOK; with Foot-Notes at every page, so as to enable the learner to Translate German without assistance. 3s. 6d. A new and much improved edition just published.

THE GERMAN PHRASEOLOGY; being a Selection of Phrases on all the parts of Speech in German with an English Translation, so as to form a collection of repeated examples on all the rules of that language. 3s. 6d.

ITALIAN WORKS.

IL TESORETTO DELLO SCOLARE ITALIANO; or, the Art of Turning English into Italian at Sight. With Foot-Notes, and an English-Italian Lexicon. 3s. 6d. A KEY, with Grammatical Annotations, 4s. 6d.

DE PORQUET'S FIRST ITALIAN READING-BOOK; or, Raccolta Di Novelle Veramente Morali. With Foot-Notes, by means of which Italian may be read without any assistance. 3s. 6d.

DE PORQUET'S SECOND ITALIAN READING-BOOK; or, SILVIO PELLICO'S LE MIE PRIGIONI. With foot-notes in English, so that the work may be read without the assistance of a Dictionary: price 3s. 6d. handsomely bound in crimson cloth, gilt edges, with portrait of Silvio Pellico, and a view of the interior of his prison.

ITALIAN GRAMMATICAL ANNOTATIONS. 2s.

DE PORQUET'S ITALIAN PHRASE AND DIALOGUE-BOOK; or, FRASEGGIATORE TOSCANO. With Twelve Easy Conversations. 3s. 6d.

LE SECRÉTAIRE ITALIEN; or, a Selection of Familiar Letters in French, to be Translated into Italian at Sight. With Foot-Notes. 3s. 6d. A KEY, 3s. 6d.

IMPORTANT FRENCH PUBLICATIONS.

De Porquet's NEW PARISIAN GRAMMAR, Framed and nearly translated verbatim, as to its first part, on Nöel and Chapsal, and Letellier; the second part, containing numerous Colloquial Exercises, much improved and enlarged. 3s. 6d. A KEY, 1s.

NOUVELLES CONEVRSATIONS PARISIENNES, being Specimens of the Chit-Chat, or Causeries des Salons de Paris; a very useful manual to students and travellers. Price 3s. 6d.

TURNING ENGLISH IDIOMS INTO FRENCH IDIOMS AT SIGHT; being a SEQUEL TO LE TRÉSOR, with Foot-Notes. A work of the greatest importance for those who wish to acquire in England the spirit of French conversation. A much enlarged edition, 3s. 6d. A KEY, for Self-tuition, 3s. 6d.

PARISIAN PHRASEOLOGY, OU CHOIX DE PHRASES DIVERSES; being repeated Examples on all the Rules of Syntax. Enlarged and carefully revised. 2s. 6d.

LE PETIT SECRETAIRE PARISIEN; or, the Art of Reading easy and familiar English Letters into French at Sight. *Dedicated, with permission, to His Royal Highness the Prince Royal of Hanover.* Much improved. 3s. 6d. A KEY, for Self-tuition, 3s. 6d.

MORAL DRAMAS IN FRENCH:—

No. 1. PETIT THEATRE DES JEUNES GENS, 3s. 6d.

2. PETIT THEATRE DES JEUNES DEMOISELLES, 3s. 6d. For the use of Schools. A great help to Conversation.

ORDER

TO BE FOLLOWED IN USING

DE PORQUET'S ELEMENTARY WORKS.

1. LE SYLLABAIRE PARISIEN; to which is annexed a small Grammar, with a Selection of Easy Phrases.
2. DE PORQUET'S FIRST FRENCH READING-BOOK, with English Notes for beginners.
3. LE TRESOR DE L'ECOLIER FRANCAIS.
4. LE COMPLEMENT DU TRESOR.
5. DE PORQUET'S PARISIAN GRAMMAR.
6. PARISIAN PHRASEOLOGY.
7. CONVERSATIONS PARISIENNES.
8. LE PETIT SECRETAIRE PARISIEN.
9. LE TRADUCTEUR PARISIEN.
10. HISTOIRE DE NAPOLEON.
11. FRENCH AND ENGLISH VERSIONS.
12. TURNING ENGLISH IDIOMS INTO FRENCH AT SIGHT; or, SUITE DU TRESOR.
13. HISTOIRE DE FRANCE.
14. HISTOIRE D'ANGLETERRE, to be translated into English, with foot-notes. A Key to ditto may be had.
15. FRENCH POETRY FOR YOUNG PEOPLE.
16. FRENCH GRAMMATICAL ANNOTATIONS.
17. DE PORQUET'S FRENCH DICTIONARY.

FOR TEACHERS.

LA METHODE FENWICKIENNE; or, THE FENWICKIAN SYSTEM OF TEACHING LANGUAGES.

Printed by Fenwick de Porquet, 11, Tavistock street, Covent-Garden

www.ingramcontent.com/pod-product-compliance
Ingram Content Group UK Ltd.
Pitfield, Milton Keynes, MK11 3LW, UK
UKHW020554180726
13838UKWH00001B/226

9 782329 275680